JN103241

［増補新版］

ニコライ堂小史

ロシア正教受容160年をたどる

長縄光男 著

EURASIA LIBRARY

ユーラシア文庫
19

目次

第二部　セルギイ時代（一九一二年－一九四五年）

［増補新版］

ニコライ堂小史

ロシア正教受容一六〇年をたどる

序

「ニコライ堂」は「日本ハリストス正教会」の布教の本拠で、正式には「東京復活大聖堂」と称されるが、この教団の創始者ニコライ大主教の名にちなみ、通常、この呼び名で親しまれている。七年の歳月と二十四万円という当時としては莫大な費用をかけて一八九一年（明治二十四年）に駿河台の高所に完成したが、惜しむらくは一九二三年（大正十二年）九月一日、例の関東大震災によって倒壊した。その後、ニコライ大主教の後継者セルギイ府主教と信徒たちの尽力により、一九二九年（昭和四年）に同じ場所に再建された。今日われわれが目にする聖堂はこれである。現在の住所表記に従えば、「東京都千代田区神田駿河台四丁目一の三」――JR東日本会社の中央線あるいは総武線の御茶ノ水駅を聖橋口で下車、駅前の高層ビルの直ぐ裏手にある。

「ハリストス」とは「キリスト」のロシア語読み（さらにさかのぼればギリシア語読み）を日本語で表記したもので、「正教会」は世界的に見れば、カトリックやプロテスタント諸派と共に大きな勢力を保持するキリスト教の一会派である。[*1]

そもそも「正教会」の成立は十一世紀の半ばにさかのぼる。様々な確執の果てに、一〇五四年、キリスト教世界がローマを根拠とする西方の教会と、東ローマ（ビザンツ）帝国の首都コンスタンチノープル（現イスタンブール）に根拠をもつ東方の教会とに分裂した後、教皇を擁した前者は「普遍公教会」すなわち「カトリック」という本来の名称で呼ばれたのに対して、教義理解の正統性を主張する後者は「正教会（オーソドックス・チャーチ）」と称されるようになったのである。その後、一四五三年に東ローマ帝国が滅亡することにより世俗的な後ろ盾を失った東方の教会は、当時ロシア平原に勃興しつつあったモスクワ公国（後のロシア帝国）に新たな保護国を求め、一五八九年にモスクワの首座主教が従来の「府主教」から「総主教」に格上げされてからは、ロシアが東方の教会の盟主となり、「ロシア正教」は「東方正教」とほぼ同義的に理解されるようになった。[*2]

幕末の日本に宣教師ニコライによって日本に伝えられたのは、このような由来をもつキリスト教であった。

「ハリストス正教会」がロシアの「正教宣教協会」の庇護の下で宣教団として発足するのは、ニコライが日本の宣教組織の長となって帰国する一八七一年（明治四年）のことであったが、爾来、この教団は日露戦争（一九〇四年－一九〇五年）やロシア革命（一九一七年）、さらには関東大震災（一九二三年）や太平洋戦争（一九四一年－一九四五年）、そして戦後の米ソの冷戦など、国際政治の動向にも翻弄され、幾多の苦難を乗り越えて今日に至っている。その教勢はこれらの苦難の故に、今ではキリスト教の他の会派のそれに比べて格段に見劣りのするものになっていることは否めないが、[*3]ほぼ一六〇年にわたり連綿と続いたこの教会の活動は、近代日本におけるキリスト教の歴史と日露の文化交流の歴史の上に、見誤ることのない痕跡を残している。この本はこの教団の軌跡をたどることによって、それが近代日本において為した仕事を掘り起こそうとするものである。

＊1　カトリック・十一億三〇四一万八千人、新教各派・三億八五三二万一千人、東方正教会・二億五四五五万二千人（キリスト教新聞社刊『キリスト教年鑑』の二〇一〇年の記録による）。

＊2　本来的に言えば「ロシア正教会」は「東方正教会」の十五の独立教会（アフトケファリア）の一つに過ぎない。十五の「独立教会」とはコンスタンチノーポリ正教会、アレクサンドリア正教会、アンティオキア正教会、エルサレム正教会、ロシア正教会、ルーマニア正教会、セルビア正教会、グルジア正教会、ブルガリア正教会、キプロス正教会、ギリシア正教会、ポーランド正教会、チェコスロヴァキア正教会、アルバニア正教会、アメリカ正教会。

＊3　日本でキリスト教徒が全人口（一億二千六百万人）の中で占める割合は〇・八三パーセント。その内訳（概数）はカトリック四四万、プロテスタント諸派六十万、正教徒一万である（キリスト教新聞社刊『キリスト教年鑑』の二〇一九年の記録による）。

第一部　ニコライ時代（一八六一年－一九一二年）

第一章　発　足

渡　来

一八三六年、中部ロシアの寒村で輔祭という下級の教役者の貧しい家庭に生を享けたイヴァン・カサトキンは、一八六〇年、ペテルブルグ神学大学を卒業と同時に修道の誓いを立て、名も「ニコライ」と改め、「正教弘布」の夢を密かに抱き、翌六一年（文久元年）六月に函館の領事館付きの司祭として着任した。以後、一九一二年に大主教として永眠するまで、二度の短期間の帰国を除いて日本に居ること五十年、「日本ハリストス正教会」の育成に力を尽くすことになる。

正教の上陸と時をほぼ同じくして、他のキリスト教会派も陸続として渡来したが、このような現象は世界史上どこの国にも見られない壮観な出来事であったといってよいだろう。

当時はまだ「鎖国」を国是とし、「切支丹禁制」を祖法とする日本ではあったが、宣教師たちの目から見れば、この国が遅かれ早かれ国を開き、キリスト教布教の禁を解くことになるだろうというのは、最早共通の認識だったのである。ニコライもまた、そのような見通しをもって来日した宣教師の一人であった（正確には、彼は当時はまだ「宣教師」という資格ではなかったのだが）。

例えば、カトリックは一八六二年に横浜に上陸した。当時の宣教師プチジャンが六四年に長崎に建立した天主堂に「隠れキリシタン」が名乗り出て、神父と信徒とが二百年以上の時空を越えて「再会」を果たしたことは、わが国におけるキリスト教の布教史に名高い感動的なエピソードである。

プロテスタント諸派のうち、明治の日本でもっとも目覚しい働きをした「アメリカ・オランダ改革派教会」では、一八五九年にブラウンが横浜に、フルベッキが長崎に上陸、六一年にはバラが横浜に来た。日本で最初のプロテスタントを生み出したのは彼である。「アメリカ長老教会」はヘボンを五九年に、タムスンを六一年に来日させている。やがて七七年にこれら二つの会派を中心として幾つかの新教派が合同して「日本基督教一致教会」

が出来る。「アメリカ聖公会」の宣教師C・M・ウィリアムズが来日したのは一八五九年である。セントポール学校（後の立教学院）は彼の指導のもとに開設された。「アメリカ会衆派（組合派）教会」が日本での布教を始めるのは一八六九年とかなり出遅れてはいるが、新島襄をはじめ、その弟子の海老名弾正や横井時雄など、明治のキリスト教界をリードする人材を数多く輩出したことで知られる。

この時期に渡来した数ある宣教師の中でも、フルベッキは四十年の長きにわたる布教活動の末に、一八九八年、「国籍なき一市民」として日本で没し、バラは一九一九年に帰国するまで五十八年間、新教の伝道一筋に生き、ウィリアムズは一九〇八年に病を得て帰国するまで五十年間、「日本聖公会」の発展に尽くした。いずれもニコライと同様、二十代の青年として来日し、人生そのものを日本でのキリスト教の布教に捧げ尽くした人たちである。

最初の信徒・沢辺琢磨《さわべたくま》

近い将来における布教解禁の日に備えてニコライがまずやったことは、他の宣教師たちと同様、日本語を勉強することであった。函館は当時外国に向かって新たに開かれた数少ない港の一つであったことから、ここには古い秩序に飽き足らず、異国への夢を募らせる野心的な青年たちが集まってきていたが、ニコライはこうした青年たちに従い、時にはロシア語との交換教授という形で、日本語の勉強を始めたのである。それらの中にはアメリカに渡り、帰国後は組合教会系のミッション・スクール、同志社（後に大学）を興した新島襄や、ニコライの勧めに応じてロシアに渡り、後に陸軍関係の通訳官として生涯を終えた嵯峨寿安《さがじゅあん》のような人もいた。

箱館神明宮（現山上大神宮）の神主、沢辺琢磨との出会いがニコライにとって布教活動の端緒となった。元を正せば土佐藩士で坂本竜馬とは親戚にあたるというこの男は、江戸で悶着を起こして脱藩、東北地方を流れ流れたその挙句、海峡を渡って函館に辿り着き、細部の経緯を略して言えば、先の神社の入り婿となっていたのである。神官とはいえ「尊皇攘夷」の志士の気概が抜けきれずにいた彼は、ロシア渡来のヤソ坊主の動向に不審の念を抱き、大刀を引っさげて詰問に及んだのであったが、逆に諭され、ニコライの教えに耳を傾けるに到った。そして、一八六八年（慶應四年）四月、ということは、切支丹禁制の国法がまだ生きていた時代に、彼はついに洗礼を受ける決意をしたのである。この時共に洗礼を受けた者に、酒井篤礼《とくれい》（仙台藩医師）、浦野大蔵（南部藩士）の二人がいた。彼らはニコライによってそれぞれパウェル、イオアン、イアコフという聖名（クリスチャンネーム）を与えられた。日本の正教会にとって最初の信徒の誕生である。

入り婿した神官がキリスト教に入信するなど狂気の沙汰であったが、沢辺をしてこの狂気を敢えてさせたものが何であったか、それを「実証」的に説明することは難しいが、ちょうど帝政ローマ末期の若い知識人たちがナザレ人イエスの教えに惹かれたように、幕藩体制という古い秩序が崩壊に瀕していることを肌身で感じ取った青年たちにとって、西洋渡来の新しい宗教は新しい時代と新しい社会を生きるための新しい倫理規範と思えたのだろう。しかも、新生日本の政治や経済などの主流的分野は薩長土肥など「官軍」派の諸藩の子弟によって占められているのを見たとき、「賊軍」派の諸藩の子弟、あるいは既に一度道を踏み外した沢辺のような男にとって、新しい時代、新しい社会で身を立てるべく残されていたのは、精神の世界以外にないように思えたということもあったのだろう。明治初期の主だったキリスト教徒の多くが旧幕臣、あるいは佐幕派諸藩の出身者によって占められていたという事実は、この間の事情を端的に物語っている。[*1]

このような境遇の青年たちがキリスト教のいかなる会派を選び取ったかは、多くの場合宣教師、あるいは篤い信仰者との出会いという偶然的な要因によるところが大きい。例えば、クラーク博士やジェーンズ大尉という篤信の士との出会いが札幌や熊本の青年をプロテスタントに導いたように、函館や東京におけるニコライとの出会いが初期の正教徒を生み出したのであった。そもそも、明治の初年においてはキリスト教に幾つもの流派があることを知るものは少なく、様々な偶然的契機によって一旦選び取ったキリスト教の会派に疑問を抱き、別の会派に関心を寄せたり、時には会派を変えたり、キリスト教そのものを捨てたりする事例が見られるようになるのは、やっと明治も十年代を過ぎた頃からのことなのである。

熱血漢沢辺の入信は正教の普及に弾みをつけた。当時討幕軍との最後の決戦場である函館（当時は「箱館」と書いた）に集まってきた幕府派、特に南部（岩手）や仙台の藩士たちの中に、沢辺の話に耳を傾けようという者たちが現れたのである。彼はこうした者たちをニコライに引き合わせた。主立った者としては仙台藩士の金成《かんなり》善左衛門や新井常之進がいる。このうち、前者は生涯ニコライの下にとどまり布教の任に就いたが、後者はやがてアメリカに去りそこに滞在すること三十年、新教徒として帰国後は「奥邃《おおすい》」と号して「講和社」という農村共同体的信仰者集団を興すことになる。

慶應四年九月に年号が改まり明治元年——その年の暮れに幕府派の榎本軍が函館の五稜郭に入り、最終的な全面戦争への機運が高まる中、勝敗の帰趨を早くも見定めたニコライは翌年の初め一時帰国する。これは宣教団を組織し、日本への正教弘布の事業をいよいよ本格的に始めるためであった。

宣教団の開設

ロシアに「異教徒の間に正教の布教を促進するモスクワ協会」と称する宣教会が設立されるのはやっと一八六五年のこと（七十年に「正教宣教協会」と改称）。カトリック教会では早くも十六世紀にはイエズス会が発足し海外への伝道活動を展開していたし、プロテスタント派でも、例えばアメリカの「会衆派（組合派）教会」の海外伝道部である「アメリカン・ボード」が一八一〇年に発足していることを見れば（日本での布教の開始は一八六九年）、大ロシア帝国の国教たる正教の伝道体制の立ち遅れは、いかんとも覆いがたい。しかも、この「協会」は本来的には帝国内の異教徒の正教化を主たる目的として掲げており、他国民向けの布教は必ずしも念頭に置いていなかったのである。従って「日本で宣教を」というニコライの請願は、「協会」にとっては無条件で許可しうるものではなかったと思われる。それにもかかわらずニコライの請願が例外的に認められたのは、一つには元海軍提督で対日外交交渉の全権大使や文部大臣、国家評議会議員などを歴任したエウフィミイ・プチャーチンのような高位高官の献言があったということもさることながら、何にもまして時代の流れもあずかって小さからぬ力があったからだろう。一八七〇年といえばロシアは六一年の農奴解放に始まる国家の大改造が一段落し、政治の目がそろそろ国外にも向けられつつあった時期にあたる。当時のロシアの対外進出の先としてはバルカン半島や中近東地域などを挙げることができるが（その行き着くところが一八七七年から七八年にかけての「露土戦争」）、社会のあらゆる分野で激しく変貌しつつある極東にも、とりわけ大きな関心が払われていた。崩壊過程にあった清帝国を蚕食するというのが西欧列強の極東進出の最大の狙いであったが、ロシアもまたそのような策謀の一端に連なっていたのである。新しい体制が発足しつつある日本をこうした時代の趨勢の中に置けば、この国とも単に何らかの関係を持つばかりでなく、あわよくばこの国に何らかの影響力を確保しておきたいという、ロシア側の政治的思惑も見えてくるだろう。日本に「正しい教え」を伝えたいというニコライの純粋に宗教的な願望は、政治のこのような思惑と一致したのである。振り返ってみれば、イエズス会の海外進出がポルトガルやスペインの植民地獲得への野望と軌を一にしていたように、この時期にニコライという有能な宣教師を得たことは、ロシアの宗教界のみならず、政治の世界にとってもまことに時宜にかなった「渡りに舟」だったことだろう。

かくしてロシア宗務院は一八七〇年八月に日本における宣教団の設立を許可し、ニコライを修道司祭から一階級上の位階である「掌院」に挙げ、宣教団の団長《ナチャーリニク》（当時の日本の教会内の呼び方によれば「伝道会社社長」）として、改めて日本に送り出したのであった。

ニコライの不在中、沢辺の働きは目覚しかった。養子先の神明宮から離縁された彼は、文字通り「女房を質に入れる」ような貧困にもめげることなく身辺に新しい聴教者を集め、さらには金成や新井の手引きを得て仙台や南部の侍たちに手紙を送り、彼らを函館に呼び招いたのであった。以下はその手紙の一節である。

「国家の恢復を謀らんがためには、人心の帰一を期せざるべからず。人民にして真正の宗教を信ぜば、人心の統一を得べく、人心統一せば何事か成らざらん、もしそれ国家を憂うるの赤心あらば速やかに来函ありたし。」（石川喜三郎『日本正教伝道誌』正教会、一九〇〇年）

この呼びかけに応じて集まったのは影田孫一郎、小野荘五郎、高屋仲、津田徳之進、笹川定吉《じょうきち》など、いずれも「東北戦争」から「箱館戦争」にいたる「戊辰戦争」の一こまにおいて幕府軍の一員として戦った歴戦の勇士で、後に明治正教会の元勲となる人たちである。

だが、ニコライの再来日を待つまでが大変であった。何しろ正教の研究に取り掛かりはしたものの、教義を教えてくれるはずの沢辺にしたところで、入信して間もない身であってみれば人をまともに指導できるはずもない。加えて洗うが如き赤貧が追い討ちをかけ、折角函館まで来た者たちではあったが、やがて郷里に引き上げざるを得なかったのである。

一八七一年（明治四年）二月、「宣教団団長（伝道会社社長）」となって函館に帰ってきた時、ニコライは沢辺らが多くの困難をものともせず、新たな聴教者まで得ていたのを見ていたく感激した。早速仙台から人びとが呼び戻された。彼らは皆領事館に寄宿して教義の研究を始めた。露和辞典の編纂も行われ、教会の文書も翻訳され始めた。ニコライの持ち帰った石版印刷器によって、ささやかながら出版活動も始まった。

年の暮れにはニコライの同労者としてキエフ神学大学を出た修道司祭、アナトリー（チハイ）神父が来日した。

かくしてニコライは函館の管轄は彼に委ね、翌一八七二年（明治五年）二月、いよいよ東京へと進出することになったのである。

＊1　出身藩と維新当時（一八六八年）の年齢
・本多庸一（一八四八－一九一二）、津軽藩、二〇歳（日本メソジスト教会初代監督、青山学院初代院長）
・押川方義（一八五〇－一九二八）、松山藩、一八歳（仙台教会、仙台神学校＝東北学院大学の前身の創立者）
・井深梶之助（一八五四－一九四〇）、会津藩、一四歳（明治学院の創立者の一人で、同学院の第二代の総理）

・小崎弘道（一八五六―一九三八）、熊本藩、一二歳（熊本バンド、組合派の牧師、後に実業界に転ずる）
・横井時雄（一八五七―一九二七）、熊本藩、一一歳（熊本バンド、組合派の牧師、後に実業界に転ずる）
・植村正久（一八五八―一九二五）、幕臣、一〇歳（日本のプロテスタント界の重鎮）
・海老名弾正（一八五八―一九三七）、柳川藩、一〇歳（熊本バンド組合派の牧師、同志社大学総長）
・三井道郎（一八五八―一九四〇）、南部藩、一〇歳（正教会の司祭、明治・大正・昭和の三代にわたる教会の重鎮）
・内村鑑三（一八六一―一九三〇）、高崎藩、七歳（札幌バンド、無教会派の創始者）
・新渡戸稲造（一八六二―一九三三）、南部藩、六歳（札幌バンド、国際連盟事務局次長）
・石川喜三郎（一八六五―一九三二）、仙台藩、三歳（正教会のスポークスマン。『正教新報』『正教時報』主筆）

第二章　発　展

居留地で

明治初年の宣教活動はどの会派も居留地を出発点とした。ここで宣教師はまずは語学教育や医療活動を通じて周辺に人びとを集めてキリスト教への関心を呼び起こし、ついで、一八七三年（明治六年）に切支丹禁制の高札が撤去されてからは、政府による黙認の下でほぼ公然たる布教活動を市内へ、そして地方へと広げてゆく、というのがほぼ共通したプロセスであった。

人びと、とりわけ青年をキリスト教に近づける上で大きな役割を果たしたのは語学教育だった。何といってもこの時代、青雲の志を抱いて東京に集まった青年にとって、出世の最も手っ取り早い手立ては外国語を修得することだったからだ。かくして、英語やドイツ語を学びたい青年はプロテスタント系の宣教師のもとに、フランス語を学びたい者はカトリック系の宣教師のもとに集まった。そして、ロシア語を学びたいものはニコライのもとに集まったのである。

中でも最も人気のあったのは、言うまでもなく、英語の教授であった。この点でアメリカ渡来のプロテスタント各派は格段に有利な立場にあった。中でも最も目覚しい働きをなしたのはフルベッキで、彼は「済美館」や「致遠館」といった幕府や佐賀藩が長崎に開設した「英学校」で西郷隆盛や後藤象二郎や大隈重信や副島種臣《そえじまたねおみ》など、後に明治政府の要職を占めることになる人びとを教えた縁でやがて中央に招かれ、太政官顧問のような顕職を忝《かたじけな》くすることになる。不平等条約の改定を欧米列強に打診しつつ、かの地の文明事情を視察する目的で「使節団」を派遣するという案は、彼の献策による。右に挙げた「元勲」たちはいずれもキリスト教に改宗したわけではないが、しかし、彼らとのコネクションがキリスト教、とりわけプロテスタント諸派の布教にとってマイナスであったはずはない。

ロシア渡来のキリスト教である「正教」が政治的にこれほどまで有利なポジションを得ることはついになかったが、それでも明治初年、ニコライが東京に進出したころには、青年のロシアへの関心は中々に高かったようで、ニコライのもとにも語学目当ての書生が多数集まった。築地居留地の仮寓は直ぐに手狭となり、半年後の九月には駿河台の紅梅町（現在ニコライ堂のある場所）の華族の屋敷を手に入れ、そちらに移ることになった。だが、ここにも書生は集まり続け、その数は一五〇名の多きに達した。しかし、ニコライにとって悲しいことに、そのほとんどが相変わらず語学の習得が目当てであった。人が集まることと自体を拒否するいわれはなかったが、教理への関心を持たない彼らの存在は布教活動には足手まといであった。

こうした状況は一八七三年（明治六年）三月に外国語を教える官立の学校でもロシア語が学べるようになるまで続いた。この年の九月、「正教宣教協会」への報告書の中でニコライは書いている。

「かくして私もこれまでの少なからざる時間と労力とを取られてきた大量の人びとから解放されることになったのです。残ったのは学校の中核たる宣教団の生徒で（学校はもともと彼らの為にあったのです）、現在その数は十四人です。」

なお、この時外国語学校に移った者の中には、後に自由民権運動の指導者として「飯田事件」の首謀者となる村松愛三（釈放後はキリスト教の一派「救世軍」の指導者となる）、ペテルブルグ大学日本語教師となる黒野義文、東京外国語大学の教授となる鈴木於兎平《おとへい》、富山、千葉、愛媛などの県知事を勤める安藤謙介、モスクワ総領事となる川上俊彦《としつね》など、後に社会の中堅から上層を担うことになる人びとがいた。

「日本ハリストス正教会」の誕生

翌一八七四年（明治七年）五月に日本の正教会の歴史上初めての「公会議」が開かれ、二十ヵ条に及ぶ「伝教規則」が作られた。このことは日本でも正教の教会が組織として正式に発足したことを意味した。「日本ハリストス正教会」の誕生である。掌院ニコライの司宰のもとで開かれた記念すべきこの会議に与った者は、ダニイル影田孫一郎、イオアン小野荘五郎、イアコフ高屋仲、パウェル津田徳之進など沢辺に招かれ函館に赴いた旧仙台藩士たちと、それより若いパウェル佐藤秀六（おなじく仙台藩出身）の計五名であった（パウェル沢辺、イオアン酒井、ペトル笹川はこの時は故あって出席者に名を連ねることができなかった）。当時これらの人びとは「伝教人」と呼ばれていたが、『大主教ニコライ師事蹟』（昭和十一年、日本ハリストス正教会）には東京や函館に加えて宮城、岩手、水沢、山形などの主として東北各地、それに尾張名古屋への伝教に従事するものとして、右記の八名以外に二十数名の名前が挙げられている。一八六八年、函館に灯された小さな火は、六年後のこの年にはすでにここまで広がっていたのである。

東北地方への教勢拡大の機縁となったのは、皮肉なことに、地方の官憲による信徒の迫害であった（正教会ではこれを「邃逐《きんちく》」と呼んでいる）。既に一八六五年に長崎で「隠れキリシタン」が名乗り出た後、三千五百人もの信徒が捕縛され、厳しい詮議の末に中国地方を中心とした諸藩に身柄を預けられるという大きな迫害事件が起こっているが（いわゆる「浦上四番崩れ」）、これほどの規模ではないにしろ、プロテスタントにも正教徒にも似たような事件があったのである。正教徒に関しては、一八七二年（明治五年）に仙台と函館で主だった信徒たちが捕縛されたのであった。彼らはニコライの奔走や外交筋の抗議や中央政府からの指示によって程なく釈放されはしたが、函館にあった信徒たちは処払いとされ、出身地の仙台に帰省を余儀なくされた。その彼らが身近なものに伝教したことが東北地方に正教が広まる契機となり、この地方の各地に信徒集団が形成されたのである。

例えば、宮城県高清水町の場合、先鞭をつけたのはパウェル津田徳之進であった。謹慎中の身であるにもかかわらず布教への思いを抑えがたく、この町でも「福音」を伝え始めたのである。この教えに最初に反応したのは針生《はりう》大八郎というこの地の士族であった。彼は小学校の校長をしていたこともあり、地元の人びとへの影響力も大きかった。彼の勧めにより儒学者とその弟子たちが教えに耳を傾けるようになり、後は芋づる式に次から次へと人が集まり、やがては農民の知識層を巻き込み、一八七四年（明治七年）には「互援社」とよばれる互助組織ができた。

ところで、正教会ではキリスト教に関心を示しその教義を聴くに到った者を「聴教者」、さらに教義を理解して入信の準備ができた者を「啓蒙者」と呼び、「信徒」と区別している。つまり「互援社」はまだ「啓蒙者」の集団だったのである。この「啓蒙者」が「信徒」となるには「洗礼」という儀式が必要だったが、この儀式を行えるのは司祭以上の聖職者だけである。しかるにこの時期、日本にその資格を有する者としては東京のニコライ（掌院）と函館のアナトリー（修道司祭）しかいなかった。だが、その彼らは東京や函館の牧会に忙しく、急増する地方の「啓蒙者」の洗礼にまでは手が回らなかったのである。そこでニコライはロシアから主教を招き沢辺を司祭に立てることにした。その儀式は一八七五年（明治八年）七月に函館で執り行われた。ここに日本人として初の司祭が誕生したのである。

その沢辺神父が同年十一月に高清水にもやってきた。彼はこの町に五日間滞在し、五十九名の者たちに洗礼を施した。こうして「互援社」に集まった「啓蒙者」たちは、晴れて「信徒会」を結成することになった。そして翌年、この信徒会は津田によって「高清水顕栄教会」と命名された。因みに、「顕栄」（別名「変容」）とはタボル山上でイエスが白く輝く自分の姿を弟子たちに示し、自ら神の子であることを教えた故事をいう。

近隣の町々にもほぼ同じような経緯をへて信徒会（教会）ができてゆき、ついに一八七七年（明治十年）に東北から大阪にかけて日本を縦断する巡回旅行を行ったアナトリー神父をして、この地域の景況について、「山ノ目から仙台までの間には、信徒会が九ないし三露里（一露里は約一キロ）置きにある」と言わしめる程になったのであった。そうした状況は他の地方でも見られ、アナトリー神父はこの年に本国に宛てた手紙のなかで、日本にはすでに三千人の信徒がいると書いている（拙著『ニコライ堂遺聞』二〇〇七年、成文社）。

これほどまでに急速な教勢の拡大に応えるためには司祭の増員が必要であった。そうした要請に応えて、一八七八年には五人の司祭（イオアン酒井、マトフェイ影田、イアコフ高屋、チモフェイ針生、パウェル佐藤）が新たに立てられた。

新たに司祭を生むには主教の「按手」が必要である。だが、日本には主教がいなかったために、「按手」を求めて候補者をロシアに送るか、主教を日本に招かねばならなかった。沢辺の場合は主教を招いたが、他の五名の場合は彼らをロシア（ウラジヴォストーク）に送った。だが、これは若い教会にとって経済的にかなりの負担であった。そこで国内外から日本にも主教をという声があがった。その声に押されて、一八八〇年（明治十三年）にニコライが主教に推挙されたのであった。

このことは日本の正教会の歴史に一つの画期をもたらした。これにより、日本の正教会は本国の主教の手を煩わせることなく、自前の「司祭」を生むことができるようになったからだ。

主教ニコライの東北巡回

翌一八八一年（明治十四年）五月から六月にかけてほぼ一月半、ニコライは日本の宣教団が発足（一八七一年・明治四年）してからの十年を総括する意味で、当時布教活動の最も進んだ東北地方を巡回した。その時に彼が書き残した日記によって、この地方の伝教状況を知ることができる（中村健之介監修『宣教師ニコライの全日記』全九巻、教文館、二〇〇七年、第二巻。東北巡回の部分は長縄光男による訳）。

布教の体制について言えば、数県を一人の司祭が束ね、その指導の下で複数の伝教者がそれぞれ担当する県あるいは地域の信徒の日常的な信仰活動の世話や新規の聴教者の開拓を行い、聴教者のうち教義の理解が進み啓蒙者となった者は司祭が巡回してきた折に洗礼をうけ、晴れて信徒となるのである。こうした手順をへて信徒となった者の数は一八八一年（明治十四年）段階で東北地方には三千人超で、彼らは四十を越える信徒会で活動していた。念のため、一八八〇年（明治十三年）の全国の教勢を記しておけば、信徒数約六千人に主教一名、掌院一名（アナトリー神父が昇叙）、司祭六名、輔祭一名、伝教者七九名、信徒会（教会）九六ヵ所、講義所二六三ヵ所――ということは東北地方だけで信徒会、信徒数ともに全国の半分近くを占めていたことがわかる。

それだけにこの地の各信徒会は整備された組織をもっていた。例えばどの会にも「議友」（あるいは「執事」）と呼ばれる人たちがいる。これは会の世話人のことで日々の、あるいは主日（日曜日）の祈禱の準備や伝教者・司祭などの世話をはじめ、会の運営に係わる様々な事柄を処理する。また、「預方《あずかりかた》」「会計方」などと呼ばれる会計担当者もいる。こうした係りは「寄り合い」と呼ばれる集会で「入れ札」によって選ばれる。このように、信徒会が農村と同じようなシステムで運営されていることは、当初士族を中心に広がった信仰の輪が、明治も十年代の半ばともなると、農民の間にも広がり、信徒会はすでに農民を主体として運営されていたことを示していると言えるだろう。

信徒会の財政的基盤としては年会費（「天税」「一文制度」などと呼ばれる）と定時の祈禱の折の小口の献金、有志による不定期の大口の献金などがあり、これらが教会を運営するための「資本金」となる。これが貯まり一定の金額になると、教内外の人への貸付や、「無尽」と呼ばれる信徒の仲間内での伝統的な相互援助などによって利子を得て、それをさらに「資本金」に繰り入れる。また、寄進された土地を小作に出すことによって地代を得たり、あるいはその土地を信徒が耕してその生産物を売って利益を得たりなど、こまごました工夫によって「資本金」を殖やすこともある。こうしたお金は伝教者や司祭の迎接や彼らの生活の援助、折節の祈禱に用いる灯明用の膏《あぶら》や聖器具などの備品の購入などに充てられるほか、さらに余剰ができれば会堂の建設のために貯蓄されたりする。会堂を造るために特別の貯金をすることもある。そうして蓄積されたお金を基にして、信徒によって寄進された土地に信徒の持ち山から切り出した材木を使い、各人の技術を持ち寄り、自前の会堂が建設された。仙台や高清水、佐沼、金成などの信徒会はこのようにして、明治の初年にして早くも、独自の教会堂を持つにいたっていたのである。

だが、折角こうしてできた教会堂ではあったが、内部のしつらえはまだ不十分であった。例えば信徒の祈る場所と聖職者たちの祈る「至聖所《しせいじょ》」と呼ばれる場所とを仕切る聖像画（イコン）の壁（「聖障（イコノスタス）」）を持つところは少なく、ニコライはこれをペテルブルグから取り寄せて送ることを約束している。

ニコライは行く先々で伝教者の住まいを訪れているが、彼はその都度、彼らの生活の貧しさに心を痛めないわけにはいかなかった。信徒会は体裁を整えつつあるとは言え、伝教者たちの生活を丸ごと面倒見るだけの資力はまだ持ち合わせていなかったし、さりとて、本国から送られてくる宣教資金だけでは、急速に拡大する教勢に合わせて増え続ける伝教者たちの生活を十分に賄うことはできなかったのである。勿論、月々の給金（「月費《げっぴ》」）に見合うだけの働きをしない伝教者がいないわけではなかったが、しかし、多くの伝教者は貧しさを乗り越え、中々に奮闘してくれているのである。ニコライは伝教者のそうした生活ぶりを見るにつけ、信徒会の更なる充実を説き続けて止まないのであった。

ニコライを悲しませることといえば、信徒たちの家にまだ聖像画《イコン》が行き届いていないだけでなく、折角持っていても押入れの中に仕舞い込まれていたり、天皇の「ご真影」の後に隠されていたりと、イコンがしかるべく扱われていないということもあった。だが、これも半ば無理のないことであった。というのは、どこでもキリスト教者というのは圧倒的少数者で、彼らは村人に排除されたり、一族の者たちによって白眼視されたりしていたばかりか、家族からも理解を得られない場合が多かったからだ。ニコライはそうした事情を知るにつけ、信徒たちの境遇を悲しみながらも、日本に「正しい教え」をもっともっと広めなくてはならないと、決意を新たにするのであった。

神学校

地方のこうした発展ぶりに照応するように、中央でも布教体制は徐々に整っていった。ニコライの学校が一八七三年（明治六年）にロシア語を学ぶことだけを目的とした青年たちを官立の語学校に送り出すことによって、神学を修める者たちの学校として純化されたことは既に書いたが、これはこの時点ではまだきちんとしたカリキュラムを持っていたわけはなかったし、教師もニコライ一人が布教活動の傍ら教えるといった体のものであったから、これを「神学校」と呼ぶに値したものかどうか、疑問無しとはしない。

だが、この時期に発足した他会派の「学校」も多かれ少なかれ似たり寄ったりの状況であったということも言っておかねばならない。ここで、ニコライの学校の位置を確かめる意味で、他の会派の学校について触れておくと、当然のことながらカトリックの「神学教育」が最も早く始まっている。司教のプチジャンが長崎の大浦の司教館で旧信徒（隠れキリシタン）の子弟を相手に始めた学校がそれで、一八六八年ころ、ここで神学を学ぶ者の数は一〇名いたとされる。七一年には東京に進出し「伝道学校」という名で神学校が開設されている。プロテスタント系では日本基督公会が一八七四年から伝道師ブラウン宅で教理の講義を始めた。ほぼ同じ時期に日本長老教会の神父も個人宅で伝道者の養成を始めていたが、この両派が合同して日本基督一致教会が結成され（七六年）、それにあわせて「東京一致神学校」が発足した。これは十年後の八六年に「明治学院」が設立されると、こちらに合流する。日本組合基督教会では一八七五年に新島襄を校長に「同志社」が設立されている。これにやがて「熊本英学校」を退学した生徒たちが大挙して編入してくることによって、明治のキリスト教界に有為の青年の人脈を形成することになる。聖公会では一八七四年に宣教師ウィリアムズが私宅で英語と聖書を教え始めたのがこの会派の「神学教育」の始まりで、塾生は当初は数人に過ぎなかったが、やがて三十名以上の書生を擁するにいたり、St.Paul's School（日本名「立教学院」）と称して本格的な神学校を開始した。（以上『日本キリスト教歴史大事典』教文館、一九八八年の当該項目に拠った。）

これを要するに、正教会の神学教育も他のキリスト教会派に伍して、遜色なくスタートラインに立っていたということなのである。[*1]

正教会の神学校がその名に値する学校になるのは一八八〇年（明治十三年）にニコライが「主教」として帰国したころのことであった。二年後には同じく駿河台の華族邸を購入し、これを男女の神学校に充てることによって神学教育は新しい段階に入った。

女子神学校は宗教的素養をもった子女や教役者の将来の伴侶の育成を目指した（この学校とその卒業生の動静については、中村健之介・中村悦子『ニコライ堂の女性たち』、教文館を参照）。伝教学校というものもあったが、こちらは伝教者の速成を目指した。

男子神学校は教会の幹部候補生の養成機関であった。学生の定員は、明治十九年の資料によれば、五十名であったが、定員通りの学生が集まったことはなかったらしい。

当時の修業年限は六年（後に七年）で、授業科目にはカテヒジス（教理問答）、新約と旧約の聖書講義、教会史、正教定理神学、比較神学、教会法など、いわゆる「専門科目」と並んで、今日言うところの「一般教養」として哲学や心理学、日本史や世界史など人文系の科目、数学や物理・化学など理科系の科目も用意されている。特に注目すべきは「十八史略」や「左氏伝」など漢書講読の授業が開かれていたことであろう。これは漢文を日本語の読み書きにとって不可欠の素養と考えるニコライの見識によっている。

ただ、問題は「専門科目」の講義であった。これらを講ずることができるのはロシアから派遣されてきていた神父たちばかりであったが、彼らは日本語ができなかったために、講義はすべてロシア語でなされざるをえなかったのである。そのため、神学生の中からは落伍者が多く出たが、めでたく卒業できた者たちの語学の力には並々ならぬものがあった。ニコライはそうした者たちの中からさらに優秀な者たちを選抜してロシアの神学大学（キエフ、モスクワ、ペテルブルグ、カザン）に派遣した。留学生の派遣は一八八二年（明治十五年）に始まり一八九二年（明治二十五年）まで十年間続いた。この間、留学の好運に浴したのは十四〜十五人（公費によらない留学組を含めるとこの数はもう少し増えるがここでは敢えて概数を示すに止める）で、第二次留学組の三井道郎《みいみちろう》が一八八七年（明治二十年）に帰国して以来、留学生たちが「神学士」となって続々と帰国して神学校の教壇に立つようになると、「専門科目」の講義も学生にとっては格段に分かりやすくなり、従って神学教育もより充実したものになっていったものと推測される。日本の正教会に歴史に即して言えば、ニコライ堂の完成（一八九一年・明治二四年）を挟み、その勢いの最も盛んな時期に当たる。*2

だが、宣教師としてのニコライには誠に不本意なことに、神学校の卒業生の多くは神学の知識よりもロシア語の能力を手立てとして世俗の世界で役割を果たすことになる。例えば、神学大学出の「神学士」たちの中には軍関係の教育機関でロシア語の教師として働き、明治から大正にかけて、官立の語学校の出身者に伍して、斯界《しかい》に「ニコライ派」と呼ばれる人脈を築いた。その総師ともいうべき岩沢丙吉は三井道郎とともに第二次の留学組であった。結局「神学士」のうち最後まで教内に留まったのは、司祭となり京都の教会を管轄し、ニコライの死後はセルギイの側近として本会を支えた三井と、神学校の校長を約二十年間にわたり勤めた瀬沼恪《かく》三郎の二人だけであった。*3

神学校は翻訳の世界にも人材を送った。中でも最も目覚しい働きを為したのはワシリイ昇直隆《のぼりなおたか》（曙夢《しょむ》）（一八七八年—一九五八年）である。奄美大島（加計麻呂島）の出身者である彼は鹿児島教会の高屋神父から洗礼を受け、その勧めに従って神学校に進み、一九〇三年に卒業後は、ニコライによって抜擢されて神学校の教授として母校の教壇に立ったが、彼はむしろ持ち前の文才と語学力の故に、ロシア文学の翻訳者として世間で名を成すことになった。とりわけ二葉亭四迷が一九〇九年に没した後はその後継者と目され、クプリーン、ザイツェフ、アンドレーエフなど同時代のロシアの新しい文学の紹介に努めた。その翻訳集『六人集』（一九一〇年）や『毒の園』（一九一三年）は広津和郎、宇野浩一など若手の作家たちに刺激を与えた。また、日露戦争後の日露協商の時代（一九〇七年—一九一七年）には、無類のロシア通として時局論でも健筆をふるっている（もっとも、その論ずるところがロシアの論壇の受け売りであったことは、当時から知る人には知られてはいたが）。その活躍は戦後にも及び、畢生の大著『ロシア・ソヴィエト文学史』（一九五五年）は第七回の読売文学賞に輝いた。

明治期のロシア文学の翻訳の世界では瀬沼夏葉《かよう》（郁子）（一八七五年—一九一五年）の名も逸することはできない。彼女は高崎の生まれで、女子神学校を卒業（九二年）後一時期母校の教壇に立っていたこともあったが、一八九八年に男子神学校校長瀬沼恪三郎（キエフ神学大学卒業の神学士）と結婚した後は、文学上の師である尾崎紅葉から一字を貰い「夏葉」と号して文筆活動を初め、ロシア語の原文によるチェーホフの翻訳で文名を上げ、売れっ子の翻訳家としてもてはやされた。

わが国で最初のイコン画家として知られるイリナ山下りん（一八五七年―一九三九年）は明治の画壇に異彩を放っている。りん女は常陸国（現茨城県）笠間の出身で、日本画を修行するために東京に出てきたのだが、一八七七年に工部美術学校ができると洋画に転じ、フォンタネージに師事した。だが、フォンタネージの帰国後はこの学校を中退し、一時将来について思いあぐねていた。

そんな彼女に人生の転機は思いもかけないところからやって来た。美術学校時代の親友で正教徒でもあった某女が、ニコライ主教によってかねてから聖像画家として修行するためにロシアに行くように求められていたのだが、結婚を機にこれを断り、その身代わりとしてりんを推薦したのである。

りんが派遣されたのはペテルブルグのノヴォデーヴィチ女子修道院であった。当初こそ俄か仕立ての正教徒として修道院の生活に馴染めず、また、工部美術学校で学んだ西洋画の技法とロシア古来のイコンの技法との違いに悩み、イコンを「お化け絵」と称して嫌悪していたが、しかし、ロシアの生活に馴染み正教への理解が深まるにつれて、イコンの持つ高い精神性に開眼するにいたった。[*4]

帰国後はニコライ堂のイコノスタスの制作にも携わり、また、増大する求めに応じて日本各地の教会のイコンを制作した。今に残る彼女の代表的なイコンとしては函館正教会の「十二大祭図」や秋田の曲田《まがた》にある北鹿ハリストス正教会の聖障図などがある。

ニコライの死後は絵筆を断って郷里に隠棲し、そこで没した。

出版活動

神学士が帰国し神学校が充実してきたことにより、伝教活動も出版活動も活性化することになった。ニコライが主教になった明治十三年には、それまで教会の主力雑誌であった石版刷りの『教会報知』に代わり、活版印刷の『正教新報』（月二回）が発足し、翌年には専属の出版社「愛々社」が設立され、明治二十五年には女子神学校の機関誌『裏錦』（月刊、明治四十年まで）を、翌年には男子神学校の機関誌『心海』（月刊、明治三十二年まで）を刊行した。

この内、『正教新報』は一九一二年（明治四十五年）、ニコライの没後に『正教時報』と名称を変え、そのまま今日に至っている。その号数は二〇一九年七月現在で一五四五を数える。おそらく、日本のキリスト教界で最古の雑誌であろう。

『裏錦』には女子向けの修養記事のほかにプーシキンやツルゲーネフなど、ロシア文学の小品の翻訳などが掲載されたことでも知られる。

『心海』にはロシアの神学や哲学の紹介や、これらを祖述した「論説」などが掲載された。これらの記事が依拠していたのは主として当時のロシアで評価の高かった『哲学と心理学の諸問題』という雑誌であった。世紀末から世紀初頭にかけて、「ロシア・ルネサンス」と呼ばれるロシアの宗教意識の復活を体現したこの雑誌は、西欧の主知主義思想を批判し、ロシアの正教思想の現代的意義を主張することを眼目としていたが、『心海』はこのような雑誌の論文を借用しつつ、明治期の日本でもてはやされていたフランスの啓蒙思想やドイツ観念論哲学を批判したのであった。発行部数は数百と、影響力の程は推して知るべしではあったが、この時代としては異質なモチーフを持った稀有な雑誌である。[*5]

　これらの定期刊行物の他に、伝教用の冊子や祭事用の祈禱書の翻訳、ロシアでも古典と見なされている神学書や教会史の翻訳など、基本的な文献の翻訳作業も進んだ。

　特に重要なのは聖書の翻訳で、これにはニコライ本人がその任にあたった。当時、新しい世紀の始まりを目指して、他の会派も聖書の翻訳に取り掛かりつつあった。その作業の始まりにあたり、全てのキリスト教会派が合同で事に当たろうという意見があり、正教会にも声が掛けられたのだが、ニコライは敢えて独自の翻訳を出す道を採った。

　六年の歳月を掛けたその訳業は一九〇一年（明治三十四年）に「我主イイススハリストスノ新約」として刊行された。大阪の懐徳堂の流れを汲む漢学者パウェル中井木菟麻呂《つぐまろ》との共同作業であっただけに、漢文調の古風な文体や独自の訳語など、他の会派の訳と比べると著しく独特なものが出来上がった。例えば「聖神」の「神」という字の右肩に小さく丸印を付し、これを「しん」と読ませているのはギリシア語の「プネウマ」のことで、他の会派の合同訳では「聖霊」あるいは「御霊」という訳にあたる。ニコライは「霊」という語の仏教的なニュアンスを嫌い独自の工夫を凝らしたのである。この一事にも示されているように、ニコライは既成の日本語の持つ意味との混同を避け、原典の意味を厳密に表わそうとして漢語を多く用いたために、概して明治時代にあってすら「異様」とか「難解」と評されることになった。正教会では日々の祈禱に今なおこのニコライ訳の聖書を用いている。なお、旧約の翻訳はニコライの死によって中断されたままである。

聖歌隊

聖歌隊の養成ということも教会にとっては大切な課題であった。正教会で聖歌隊がとりわけ重要視されるのは、その教義そのものに由来する。つまり、多様な声（男の声と女の声、低い声と高い声、太い声と細い声など）をまとめて一つのハーモニーを作り出す「アカペラ」（楽器による伴奏のない歌）は、多様な個性をもった人びとをその個性のままに一つの共同性（ソボールノスチ）を作り上げるという教会の使命そのものの象徴なのである。聖歌隊の指導者（「レーゲント」）が聖職者と同列の高い地位を与えられているのはそのためだ。明治の正教会にもヴィサリオン・サルトフやヤコフ・チハイ（アナトリー神父の実弟）などいくたりかの「レーゲント」が来日して聖歌隊の養成に当たった。しかし、明治初年の日本人には「合唱」とか「和音」という観念は皆無であったことから、彼らは「音感」そのものを教え込むことから始めなくてはならず、その苦労は並大抵のものではなかったらしい。だが、その苦労の甲斐あって、明治の半ばごろには上野の音楽学校をも羨ましがらせるような聖歌隊ができあがっていたのであった。

地方教会の聖歌隊の育成に貢献したのは男女の神学校の卒業生であった。特に女子神学校では聖歌の授業も必修であったために、ここを卒業して司祭の妻となった者たちは「マートゥシカ」（「母」の愛称）と呼ばれ、聖歌の指導者としても夫の牧会を助けたのである。

ニコライ堂

明治期の正教会の最盛時を象徴するのはニコライ堂である。一八八四年（明治十七年）三月に着工したとき、伝教に従事する教役者の生活が困窮していることもあって、建設に反対する声が強かった。彼らは「有志義会」なる徒党を組み、主教に翻意を迫った。その先頭には本邦初の正教徒として、ニコライには「糟糠《そうこう》の妻」にもあたる沢辺の名があった。だが、百年、二百年先の教会の姿を睨むニコライの決意はあくまでも固く、このために信仰に躓くものも少なからずあったが、一旦工事が始まれば教団は聖堂の完成を目指して一つになった。沢辺もまた例外ではなかった。

ビザンチン風の丸屋根《ドーム》を戴いたニコライ堂は明治期の日本における第一級の西洋建築とされる傑作で、設計図を引いたとされているのはエストニア生まれのロシア人建築家ミハイル・シュチュールポフ（一八一五年－一九〇一年）、工事の監督に当たったのはジョサイア・コンドル三世であった。「イギリス積み」と呼ばれる特殊な煉瓦造りの外壁と鉄骨造りのドームはいずれもアジアで初めての構造である。聖堂の内部は未信者の入場の許される「啓蒙所」と信者の祈禱の場である「聖所」と、神品《しんぴん》（聖職者のこと）以外の立ち入りが禁じられた「至聖所」とからなり、「聖所」と「至聖所」を分ける三層の「聖障《イコノスタス》」を描いたのはロシアの聖像画家ワシリー・ペシェホーノフであった。山下りんもこれの制作に加わっている。

成聖式は一八九一年（明治二十四年）三月八日に執り行われた。本堂は土台からクーポルの先端に掲げられた十字架まで三十五メートル、鐘楼の高さは四十メートルを越す大聖堂で、その威容は駿河台の高所に聳え立って帝都を睥睨《へいげい》していた。鐘楼に立てば眼下に皇居を見下ろすことができたため、ロシア嫌いの民衆の中には「けしからぬ」と言うものもあったが、いざ完成してみれば、ビザンチン風のエキゾチックな聖堂は「ニコライ堂」と呼ばれて人びとに親しまれ、東京の名所の一つとして、詩歌に歌われたり絵画の題材になったりすることも一再ならずあった。

旧大聖堂のイコノスタス全容

その間にも教勢の拡大は順調で、聖堂が完成した時点では信徒数は約二万人、信徒会の数は二百を超えた。これらの数値は十年前に比べて信徒数で三倍、信徒会数では二倍強の増加を意味していた。

信徒数の増加傾向は他の会派についても同様で、例えばプロテスタントの場合、諸派を合わせて一八八二年の時点で四千四百人に過ぎなかったのが、八五年には一万一千人、さらに一八九〇年には三万二千人に達した。こうした傾向のゆえにこの時期はキリスト教徒には「栄光の八〇年代」と呼ばれ、一部にはキリスト教の国教化も間近いとまで言われたほどであった。

＊1　主だったミッション系の男子学校とその創立年等。（設立時には別名を名乗っていた例が多い。また、複数の学校が合流してできた場合も多いので、「創立」の概念は必ずしも統一されていない。概況を知るよすがとして提示したものと理解されたい。）
・立教学院　一八七四年（明治七年）（東京、聖公会系）
・同志社　一八七六年（明治九年）（京都、組合教会系）
・明治学院　一八七七年（明治十年）（東京、基督公教会〔長老派三ミッションが合同してできた教会〕系）
・青山学院　一八七八年（明治十一年）（東京、メソジスト系）
・鎮西学院　一八八一年（明治十四年）（長崎、メソジスト系）
・東北学院　一八八六年（明治十九年）（仙台、メソジスト系）
・東山学院　一八八六年（明治十九年）（長崎、オランダ改革派系）
・関西学院　一八八九年（明治二十二年）（神戸、メソジスト系）
・大阪桃山学院　一八九〇年（明治二十三年）（大阪、聖公会系）
（いずれも海老沢亮『日本キリスト教百年史』日本基督教団出版部、一九五一年、一〇〇－一〇七ページによる）なお、カトリック系の学校としては上智学院が最初（一九一三年・大正二年）。

＊2　三井をはじめ遺露神学生の消息については拙著『ニコライ堂の人びと―日本近代史のなかのロシア正教会』（現代企画室、一九八九年、一九九九年第二刷）が詳しい。なお、第一次の留学生松井寿郎はペテルブルグで客死した。

＊3　男子神学校については拙稿「神学校の理想と現実」（中村喜和、長縄光男、ポダルコ・ピョートル編『異郷に生きるⅣ』（成文社、二〇〇八年、一一三―一三四ページ）を参照。

＊4　イコンの作成にあたり以下のような規範があった。①イコンは人間的であってはならない。②イコンは個性的であってはならない。③イコンは立体的であってはならない。いずれもルネッサンス絵画とは対照的である。

＊5　雑誌『心海』についてより詳しくは拙著『ニコライ堂の人びと―日本近代史のなかのロシア正教会』、一二八―一五一ページ、同『ニコライ堂遺聞』（成文社、二〇〇七年）二二八―二五六ページを参照。

第三章　障　壁

明治憲法

一八八九年（明治二十二年）に大日本帝国憲法（明治憲法）が発布され、信教の自由や言論出版の自由など「市民的自由」が公に認められたことは、キリスト教の布教活動に弾みをつけるものと、大方のキリスト者には思われたが、実際に起こったのは逆の現象であった。明治憲法がキリスト教にとってマイナスの要因であった所以は、これが「天皇」の権威に基づいた国造りの集大成であったという点にある。キリスト教の立場から言えば、これは「インターナショナリズム」に対する「ナショナリズム」の巻き返しを意味していたのである。

周知のように、明治維新は「文明開化」（インターナショナリズム）と「王政復古」（ナショナリズム）という、相反する二つの動因によって成就された。明治の初期に主導的な役割を果したのは前者であった。このスローガンのもとで遂行された「欧化」＝「近代化」

政策によって日本の資本主義は明治中期には自立し、早くも海外（具体的には大陸）進出を目論むまでに成長を遂げていたのである。

資本主義の成熟が生み出す国民的自負の念は「ナショナリズム」を高揚させた。その時、「文明開化」に代わって前面に出てきたのが「王政復古」というモチヴェーションであり、それを凝縮したのが「天皇制」であった。「教育勅語」（明治二十三年）は神格化された天皇を頂点として戴く新しい法体系（「憲法」）に倫理的裏づけを与えるものであり、明治二十五年に井上哲次郎によって提起された「教育と宗教の衝突の問題」では、異邦の神を奉ずるキリスト教徒は異端視された。一八九一年（明治二十四年）一月に起きた「不敬事件」は、こうした流れの中で起こったキリスト教の排斥的機運の現われであった。

「教育勅語」の奉戴式でご真影に深々と首を垂れることをしなかったキリスト教徒内村鑑三の免職事件（いわゆる「不敬事件」）に対しては、プロテスタントのみならずカトリックの側からも内村擁護の声が上ったが、ただ正教会のみが「世論」に与して内村批判に加わった。

その論法の根底にあったのは、東ローマ帝国を経てロシアに引き継がれた「国家と教会」

のあり方についての、「正教」に伝統的な考えであった。それによれば、教会と世俗権力との関係は、互いの職分を尊重しあった相互不可侵の関係こそが理想の姿であった（実質的には教会は俗権に従属し、あたかも侍女のような役割を演じていたのだが）。そうした目から見れば、新教各派の「内村擁護」論は護教に名を借りた政治活動に他ならず、それは宗教者の分限を越えた行為だったのである。

内村を擁護するかしないかにおいて会派に違いはあったが、しかし、おしなべてキリスト教の教勢の拡大がこの時期を境に頭打ちになったのは厳然たる事実で、以来我が国ではキリスト教徒の全人口の中で占める割合が一パーセントを越えることはついになかったのである。

その根本的理由がどこにあるかについて、万人に認められるような説明は未だにないように見える。キリスト教に対抗しうる教義として我が国には既に儒教思想があったことを挙げるむきがないわけではないが、日本以上に儒教思想の根強い韓国では、キリスト教徒が全人口の中に占める割合は三十パーセントなのである。つまるところ、日本人の宗教一般に対する「寛容」さ、裏を返せば「淡白」さが、近代日本におけるキリスト教の運命を説明しているのではないだろうか。とは言え、キリスト教徒の多寡とキリスト教そのものが近代日本の青年の自我の覚醒や西洋的な教養の受容にどれほどの役割を果たしたかということとは、別に論じられなくてはならない事柄である。

ロシアのイメージ

ロシア渡来のキリスト教である正教は、このようなキリスト教一般への風当たりとは別種の風当たりにも悩まなくてはならなかった。それは日本人が抱くロシアへのイメージに由来した。

平均的な日本人のロシア観は概ねネガティヴなものであった。先ずは恐怖感があった。この感情の由来は江戸時代に遡る。日本人にとって北の広大な大陸を支配する図体の大きな得体の知れないロシアという国は、そもそも薄気味悪い存在だったが、これが江戸時代にはオランダ、明治に入ってはイギリスやフランスといったロシアのライヴァル国からもたらされたネガティヴな情報によって増幅され、脅威感へと育っていったのである。しかし、これとは逆に、日本人の中にはロシアを侮る風潮もあった。それは岩倉使節団の見聞に起因する。使節たちは欧米諸国を歴訪し、その一環としてロシアをも訪れたが、そこで使節たちが見たものは、煌《きら》びやかな首都の営みとは裏腹な惨めな民衆の生活であった。こうした現実の奥に彼らは慧眼にも、ロシアがいまだ「文明の国」ならぬ「半開の国」、すなわち「半ば野蛮な国」であることを看て取った。かくしてロシアは日本の政治や経済や教育の中で欧米の列強とは別種の、一段低い扱いを受けることになった。これに加えるに憎悪感もあった。それは日本とロシアが共に「後発的な資本主義国」として、満蒙の地の利権を巡りライヴァル関係にあったという事情に由来する。その関係は日清戦争（一八九四年・明治二十七年）で顕在化した。戦後、日本が勝利の代償として清国から得た遼東半島の租権をロシアがフランスやドイツと語らい清国に返還させた例の「三国干渉」（一八九五年）は、日本国民の間に「ロシア憎し」の思いを募らせることになった。そして一九〇四年（明治三十七年）、ついに日露戦争というファイナル・マッチに突入することになるのである。

こうした事情が正教の布教にとってプラスに作用するはずはなかった。このような不利な状況はニコライ自身が布教活動の中で日々痛感するところでもあった。彼は本国の宗務院への報告書の中で書いている。

「カトリックやプロテスタントの国々は日本人たちにとって大変な魅力があります。というのは、今日、日本人たちが急速にそして貪欲に吸収しつつある文明の奔流がこれらの国々から流れ出しているからです。あらゆる類の理論的知識や実用的知識、あらゆる種類の新機軸や改良品、無数の教師たち――こうしたものがすべてこれらの国々からもたらされているのです。このような様々な事情がカトリックやプロテスタントの宣教活動を極めて強力に助けていると考えてもおかしくないでしょう。

これに対して正教の宣教団にはそうしたことは何一つとしてありません。むしろ外的な事情はここでは正反対です。つまり、それは布教を阻害するような性質のものです。日本の民衆は先入観のプリズムを通してロシアを見ており、これらの先入観は正教の布教には全く不利だと申さねばなりません。このことをはっきりさせるためには、絶えず繰り返される一つの事実を指摘するだけで十分でしょう。すなわち、我が教会の伝教者たちは、よほど知り合いにならない限り、ほとんどどこでも祖国の敵とか裏切り者呼ばわりされているという事実です。」（拙著『ニコライ堂遺聞』成文社、二〇〇七年）

この報告書が書かれた一八九七年という年は、ニコライにとっては来日してから三十六年――六十の坂も越え晩年に入りつつあるこの時期にしてなお、「日本に正しい教えを」という若き日の夢の実現に向けて、悪戦苦闘は果てることがなかったのである。

日露戦争

不敬事件があった年（一八九一年・明治二十四年）の五月に起きた「大津事件」は「恐露」と「反露」の入り混じった当時の国民感情を反映する出来事であった。日本を歴訪中の皇太子ニコライ（後のニコライ二世）が琵琶湖畔の町・大津で、あろうことか警備の巡査に切りつけられて負傷するという狂気を含んだこの事件は、日本中に一大恐慌を巻き起こし、国民の中には「すわ戦争か」と色めき立つ向きもあった。これはちょうど正教会がキリスト教各派と一線を画し、大方の世論と歩調を合わせて内村批判を展開している最中のことでもある。

その後、日本とロシアの関係は悪化の一途をたどり、ついに一九〇四年（明治三十七年）、日露戦争の勃発に到るのだが、その間、正教会はロシアとの親密な関係のゆえに、その信徒が「露探《ロタン》」すなわち「ロシアのスパイ」というあらぬ疑いを掛けられることがたびたびあった。例えば大阪の一視学官が「国家機密」を売ると称して正教会に接近してきたことがあり、そのことでニコライ堂に警察の捜査の手が入ったことがその先駆けであった（一九〇三年・明治三六年）。それ以後、地方では信徒が村人に「露探」と呼ばれて謗《そし》られたり疎《うと》んぜられたりした。祭の祝い酒の勢いを借りて教会に人びとが乱入して、狼藉に及ぶこともあった。学校では信徒の子弟が仲間から、意味の分からぬままに「ロタン、ロタン」とあざけられることもあった。

実際に戦争が近づくとニコライの身を案じたロシア政府は彼に帰国を勧めたが、ニコライは若い教会を見捨てることはできないとしてこの勧めを拒み、日本に残る決意を固める。それはまた信徒一同の願うところでもあった。こうして正教会の人びとは一人のロシア人宣教師のもとに身を寄せ合って、大きな嵐の行き過ぎるのを待ったのであった。

だが、戦闘の進展と共に正教会は思わぬところで面目をほどこすことになる。捕虜の「宗教的慰安」という事業である。

戦況は大方の予測を覆して日本が優勢のままに推移し、大きな戦闘での勝利のたびごとに捕虜の数が増え、最終的には七万二千人を数えた。これに従って収容所の数も四国の松山を皮切りに南は熊本、北は弘前に到るまで、全部で二十九ヵ所に及んだ。かねてより、幕末に西欧の列強と結んだ不平等条約の改定を目指していた日本政府は、ここで文明国としての体面を示そうと、捕虜の扱いには細心の注意を払った。その一環として、ロシア兵の大半が正教徒であったことから、彼らの朝晩の祈禱や祝祭日の行事などの手助けに、正教会が動員されることになったのである。ニコライはこれらを司式するための司祭を各地の収容所に派遣したり、祈禱用の書物を送ったり、信徒たちは士官や兵士の日本での生活の便宜を慮って義捐《えん》物資を送ったり、神学校は会話帖を編纂して収容所に寄贈したりして、正教会はその全力を挙げてロシア兵の生活に細やかな配慮を欠かさなかったのであった。

戦後、その働きを嘉《よみ》したロシアの皇帝はニコライを「大主教」という位階に挙げ、功績のあった神父たちには金製の大きな胸賭け十字を送った。元兵士たちは自分たちが俘虜の身にあった時に日本人の正教徒たちが示してくれた温かいもてなしに感謝して、帰国後に基金を募り大阪に教会を献納した。

ニコライの晩年

正教会の慣わしによれば「大主教」を戴く教区には経済的な自立が求められている。だが、日本の正教会にはそのような力はなく、相変わらず母教会の援助を仰ぎ続けなくてはならなかった。現に、教会の年間予算の約九割以上がロシアからの送金によって賄われていたのである。

日本の正教会の貧困ぶりは信徒の献金額にも現われていた。一九〇七年（明治四十年）の資料によれば、新教各派（組合教会、日本基督教会、メソジスト、聖公会）の一人当たりの年間の献金額は、それぞれ七円六九銭、五円二八銭、二円五〇銭、六円二九銭であったのに対して、正教会は僅か二七銭であった。プロテスタント各派の場合、日露戦争で勝利することにより日本の資本主義が帝国主義段階へと一歩前進したのと軌を一にして、増大する中産階級に依拠しつつ教勢も安定期に入り、地方の弱小教会を切り捨てるという犠牲を払いながらも、都市型の教会としてその自給体制は、なんとか一応は確立したのである。これに対して正教会の場合、教会の主力が日本の近代化、資本主義化からは取り残された東北地方にあったことからも窺えるように、この教会は社会的に上昇しつつある階層（ブルジョアジー）を主力的な信徒として取り込んでいなかった。そのような差が献金額の違いとなってあらわれたのである。

このことは正教が本来的に持つ保守的な性格とも無関係ではない。この会派は自ら「オーソドックス（正統派）」と名乗ることからも知られるように、一貫して「教父（正教流には聖師父）時代」（キリスト教会初期）以来の信条解釈を頑ななまでに堅持し続けてきたのである。従って、聖書解釈の正当性の判断を教会の位階の権威を離れ、信徒一人ひとりの良心に委ねるというプロテスタンチズムの行き方など、正教会には到底容認することができなかった。しかるに、マックス・ウェーバーがプロテスタンチズムを分析したように、信仰の正しさを自らの「良心」に照らして証明しなくてならないという「プロテスタンチズムの倫理」こそが、西欧に自我の目覚めを促し、その主知主義を鍛え、ひいては「資本主義の精神」を生み出したのである。とすれば、本質的に反宗教改革をモットーとし、反西欧と反近代のモチーフを内包したキリスト教たる正教が、農奴制とツァーリズムの国ロシアを内面から支える宗教であったというのは故なきことではない。その意味で、正教は近代化と資本主義化に猛進する近代日本においてこそミスマッチではあったが、このような主潮から取り残された東北地方には、むしろマッチしていたといえるだろう。

献金額の差はこうした事情にも由来していたのであろう。

一九一〇年（明治四十三年）十一月にニコライは最初の心臓発作に倒れた。これは半世紀にわたるたゆみなき宣教活動ゆえの過労と、それにもかかわらず今なお自立への道の遠い日本正教会の実情への心痛によるものだった。

翌年七月にはニコライの渡来五十周年を記念して盛大な式典が営まれた。はからずも、これはニコライにとって死出の花道となった。ニコライはその僅か半年後の一九一二年二月十六日に没したのである。日本に居ること五十二年、享年七十五の生涯であった。

ニコライ主教

葬儀は二月二十二日に執り行なわれた。三千人にものぼる各界からの弔問が相次ぐ中、明治天皇からの賜花が衆目を引いた。これはあの「大津事件」の折り、皇太子ニコライに唯一面会を許された宣教師ニコライが、日露の友好を願う日本人の真情を伝えてくれたことへの、日本からの感謝の気持ちのあらわれであった。

『大主教ニコライ事蹟』の伝えるところによれば、彼が後に残したものは「大聖堂一、聖堂八、会堂一七五、教会二七六、主教一名、司祭三四名、輔祭八名、伝教者一一五名、信徒数三万四千百十名」であった。キリスト教の他の会派と異なり、司祭、輔祭、伝教者など教役者がいずれも日本人から成っていたことは、かねてより、ニコライの自慢とするところであった。ここには「日本人の手による日本人のための教会を」という、ニコライの理想が如実に示されていたのである。

ニコライの死後に身の回り品の整理にあたった大使館の者たちは、その質素な生活ぶりに驚嘆した。純粋に彼の所有に属する私物は、誇張なく、「弊衣数点」に過ぎなかったのである。

ニコライは聖堂の傍らに埋葬されることを願っていたが、日本の法律はそれを許さなかった。

彼は東京上野の谷中墓地の一角で永遠の眠りに就いた。

第二部 セルギイ時代（一九一二年－一九四五年）

第四章 受 難

セルギイ（チホミーロフ）

晩年のニコライを悩ませたことには、教会の財政難のほかに、後継者難ということもあった。母教会からは確かにその候補と目される宣教師が送り込まれてはいたが、いずれも長く日本に居つくことはなかった。例えば、一八九七年には掌院セルギイ（ストラゴロドスキー）が再来日したが、九九年に帰国したまま戻ることはなく（その後、彼はニージニー・ノヴゴロドの府主教として一九二五年に「総主教臨時代理代行」を拝命、更に、一九四三年には「総主教」となって、革命後の激動のロシア正教会を担うことになる。一九四四年没）、一九〇六年にはアンドロニク（ニコルスキー）主教も再度来日したが、こちらも翌年には帰国してしまった（彼は革命の混乱期に殉教）。その理由としては、ニコライとの相性、日本語の難しさ、多湿な日本の気候に対する不適応など、幾つも考えられるが、いずれにしろ、日本に定着することはなかったのである。

セルギイ（チホミーロフ）が日本に派遣されてきたのは、アンドロニクの去った翌一九〇八年のことであった。そして、結局この彼が四年後の一九一二年にニコライを看取り、その後継者として日本の正教会を率いることになるのである。

セルギイ・チホミーロフは一八七一年六月十六日、ノヴゴロド近郊で長司祭の家庭の次男として生まれた。一八九二年にこの地の神学校を卒業後ペテルブルグ神学大学に進み、在学中の九五年には修道の誓いを立て修道司祭となった。翌九六年に神学大学を卒業すると、直ぐにペテルブルグ神学校の生徒監に任命され、九九年には同校の校長に任ぜられ、併せて「掌院」の位階に進められた。一九〇五年には学位論文が受理されて博士となり、同年には主教に昇叙され神学大学の学長ともなった。時に三十四歳、まことに赫々たる経歴の持ち主である。

だが、日本という国が当時如何に有望な新興国家とみなされていたとは言え、ロシアから見れば東の果ての小さな国に、これほどの人材が宣教師として派遣されて来るということには、それ相応の理由がないはずがなかった。実は、彼には「公金の使い込み」という咎があったのである。その意味で、彼の日本への派遣は、言うなれば、「懲罰」的な左遷であった。

ニコライの後継者となったのはこのような人物だったのである。

来日すると彼は直ぐキエフ神学大学出身の神学士三井道郎を通訳として従え、お目見えのために日本各地を巡回した。信徒たちは新しい主教を厚くもてなし、他方、セルギイも持ち前の人付き合いの良さから信徒の中に直ぐに溶け込み、そのために、語学力も短時日のうちに向上した。一年後には彼は通訳なしに全国を巡回し、日本語で説教ができるようになってニコライを喜ばせた。もともと、有能な人なのである。

困　難

このように既に日本に馴染んでいたセルギイではあったが、いざ教会の全てを引き受けてみると、幾つかの大きな問題に逢着しないわけにはいかなかった。

先ずはニコライの「子飼い」の弟子たちとの軋轢《あつれき》があった。何といっても、ニコライが根っからの「宣教師」であったのに比べて、セルギイはその経歴から知られるように、むしろ学究的であり、日本渡来の経緯が示しているように、そもそも「宣教師」を志願していたわけではなかったのである。そうした違いは何よりも両者の気質の違いに深く根ざしていた。セルギイにしてみれば、先任者に親しく馴染んでいた者たちとの違和感には、いかんとも為しがたいものがあったのである。

「学者セルギイ」という面目は、彼が教会の指導者となって最初に企画したことが、『正教思潮』という神学の翻訳誌であったことに現われている。この雑誌の狙いについて彼は本国への通信の中で「ロシアの正教神学、哲学思想の最良の果実をもって、日本の司祭や伝教者たちを教育すること」にあると書いている（この雑誌は結局二年間存続し、一巻四号、全八冊を刊行したところで終刊となった）。

両者の軋轢は教会内の人事でも露呈した。「学者」主教はともすれば神学士たちを重んじて中央に積極的に登用したが、たたき上げの司祭や伝教者たちは疎んじられて地方の教会に移されたりした。こうした処遇への不満が『新正教』という月刊のタブロイド新聞を生み出すことになった（一九一三年・大正二年二月）。この新聞が目的とするのは三井道郎や瀬沼恪三郎らセルギイ側近の神学士たちを批判することにあったが、その批判の先にあるのがセルギイその人であることは明らかだった（この新聞は六号を出して消滅した）。

加えて財政状況は一向に改善の兆しもなかった。セルギイがニコライから教会を引き継いだとき、教会は確かに日本のキリスト教徒の二〇パーセントにあたる三万人にのぼる信徒を擁してはいたが、しかし、その数には女子や幼児や年寄りなど、経済的な力を持たない者たちも数に含まれており、教会を経済的に支えることのできる者の数だけをいえば、精々五千人であった。因みに、日本の正教会の財政状態を一九一〇年（ニコライの没する二年前）の資料に拠ってみると、教会の年間予算九万四千九百十円の内、国内の自給額はわずか三三四一円、つまりわずか三パーセントに過ぎなかった。大主教ニコライがセルギイに遺した宣教団とは、思われていたほど磐石ではなかったのである。

ロシア革命

そのような教会にとって、一九一七年（大正六年）に勃発したロシア革命は余りにも苛酷な試練であった。何といっても、母教会が壊滅的な打撃を蒙り、その存立そのものが危殆に瀕するに到ったことによって、日本の正教会は九十パーセント以上の財源を一挙に失ってしまったのである。

セルギイは革命直後の国内戦の最中、旧体制の力がまだ残っていた極東の諸都市を巡り、日本の正教会の窮状を訴え、寄進を募って行脚した（一九一九年三月三日―三十一日）。例えば、ウラジヴォストークでは、元来信仰心の篤いロシア人たちはセルギイの涙ながらの訴えに心を動かされ、たちどころに二千六百ルーブルを集めて献金した（当時は一ルーブル一円と換算できた）。中には胸に掛けた銀製の十字架を日本の正教会の為に献ずる者もいたという。白軍の将軍ホルワットはオムスクの政府から永続的な定額の維持費を拠出することを約束した。約ひと月にわたる巡回の成果は、ロシア人信徒からの献金十五万一千六百ルーブルと、大陸に進出した日本人信徒からの献金四千四百円、合計十五万六千ルーブルであった。

だが、この額では二年間、あるいは諸式を切り詰めても精々三年間を維持できるだけであった。しかも臨時政府に期待していた定額の援助も、肝心の白軍の敗勢を見れば多くは望めず、正教会はその活動を大幅に縮小することを余儀なくされた。そうした中で、一九一九年には男子の神学校も約半世紀の歴史を閉じ、聖職者や伝教者など教役者たちも生計の道を求めて俗世間に散っていった。

ロシア正教会の凋落は日本の正教会そのもののロシア離れを促進し、ひいては、日本の信徒に対するセルギイの影響力の低下をもたらした。例えば、一九一九年に制定された新しい「教会憲法」では、教会の財政に対する主教の権限が大幅に制限された。前任者ニコライは「金銭」に関しては日本人の容喙《かい》を一切許さなかったが、このたびの「憲法」では「金」の出し入れについて、主教は「総務局」という一部署の許可を得なくてはならなくなったのである。また、「憲法」では日本の正教会とロシアの宣教団の関係についても何の言及もなく、日本の正教会はあたかもロシアの正教会から独立した教会であるかのように振舞い始めたのであった。そのため、ロシア正教会から宣教団の団長としてロシアから派遣されてきていたセルギイの立場は宙吊りになってしまったのである。こうした一連の措置に、「公金の使い込み」というセルギイの日本派遣の経緯が何ほどかの影響を及ぼしていたであろうことは、推測に難くない。

関東大震災

一九二三年（大正十二年）九月一日十一時五十八分、関東大震災によるニコライ堂の倒壊はセルギイと日本の正教会にとって、ロシア革命に次ぐ第二の災難であった。

この日のこの時、司祭館（今は府主教庁となっている建物）二階の自室にいたセルギイは、後にこの日の午後以降に教会に起こったことを逐一記録している（日本の大主教セルギイ著『東京復活大聖堂の成聖』一九三〇年刊、露文、以下『成聖』と略称）。それによれば、大聖堂は地震そのものによっては倒壊しなかったが、鐘楼が折れて大聖堂の丸屋根を突き破り、地震によって生じた市街の火炎が破れた屋根から侵入し、その内陣を燃やし尽くしたのである。かくしてロシア渡来のイコノスタスやイコン、それに粒々辛苦取り揃えた各種の聖器具が全て灰燼に帰したのだった。

火が飲み込んだのは大聖堂だけではなかった。それは一万数千冊からの本を蔵するニコライ自慢の図書館をも焼き落としたのである。ニコライによれば図書館は心配ないはずだった。何といっても、壁は煉瓦でできていたし窓のガラスは二重になっており、しかも鎧戸で護られていたのだから。だが現実には、二メートルを越える炎が屋根を飲み込み、その炎は瞬く間に内部をも焼き尽くしてしまったのである。ニコライは火は下からしかやってこないと思っていたのだろうか、最上階である三階の天上は板張りであった。

勿論、司祭館も燃え落ちた。セルギイが多年にわたり丹精し、完成して印刷に回すばかりになっていた著作の草稿や、完成間際の論文の草稿もすべて燃えた。セルギイは焼けたばかりで生暖かさのまだ残る、灰だけとなった草稿を見つけて号泣した。

だが、セルギイは挫けなかった。彼は先の記録（『成聖』）の中で書いている。

「私は全てを失った。聖像も図書も著作も着るものも履くものも、住むところも図書館も学校も聖堂も……しかし、失われずに残ったものが一つある。それは神への信仰である。（一時避難していた大使館から――引用者注）戻る道々、しばしば、私は神を詰《なじ》るのではなく、むしろ感謝の念を籠めて

震災直後、丸屋根の落ちた大聖堂

繰り返した、《主は我に罰を下されたけれども、死は賜らなかった》と。」（『成聖』八ページ）

そして、苦悩の果てにセルギイは次のような決意に行き着く。

「神が私を生かしてくださった以上、自分の力の限りを尽くして、ただひたすら前進あるのみだ。ただひたすら神のために、隣人のために、ただただ伝道のために、復興のために……それも物質的な復興もさることながら、何よりも心の復興のために……」（『成聖』九ページ）

第五章　復　興

募　金

震災後の初めての公会（臨時）は十月二十日、都内で唯一無傷のままに残された四谷の「神現教会」で開かれた。その最たる議題は大聖堂の復興問題であった。セルギイは集まった代議員たちに向かって、復興へ向けた信徒一同の覚悟の程を問うた。中には、先の大聖堂建設の時と同様、教役者たちの困窮を理由に、聖堂の再建に反対する者たちもいたが、大半は再建に賛意を表した。建立されてから三十年、大聖堂は今や日本の正教会にとって象徴とも言うべき存在となっていたのである。セルギイは信徒たちに呼びかけた。

「今我等一万六千の日本正教信徒は皆こぞって己の中に一つの智恵、一つの心、一つの意思を作りましょう。ニコライの智恵と心と意思とを作り成しましょう。大聖堂修繕の為に努力し、落成して成聖式の日に参拝するまで絶えず努力することといたしましょう。」

（『正教時報』十五巻十号『東京復活大聖堂復興号』大正十五年十月）

だが、そのための資金集めが大変だった。何といっても、先の大聖堂の建設に当たって提供されたロシア人の醵《きょ》金が、今や全くあてにできなかったのである。結局、再建のための資金は他国の正教会からの援助は一切当てにせず、日本人の手によって集めることになった。

何よりも信徒の醵金とバザーや聖歌の演奏会など、復興のための各種の事業が集金の主力となった。目標額の二十四万円——これは先の大聖堂に要した金額と同じであった。

基金集めの為にセルギイは先頭に立った。そのため彼は全国をくまなく巡回した。そればかりか、当時日本の影響下にあった朝鮮や満州や台湾にまでその足は延ばされた。結局彼の巡回は一九二三年（大正十二年）十一月の高崎行きを皮切りに、一九二九年（昭和四年）十月の新義州（朝鮮）まで、六年間で総計四十七回に及んだ。

こうした巡回の手応えは十分で、セルギイは行く先々で信徒たちに温かく迎えられた。彼らは食費や宿泊費はもとよりのこと、旅費も含めて一切を支弁し、セルギイの労苦をねぎらってくれたのである。

一九二五年（大正十四年）七月の公会で、セルギイはこんな説教を行っている。

「第一に驚くほどに感じた事は信者の教会に対する愛です。私に対するのではなく、教会に対する愛に驚きました。私信者の現した広い心の愛を考えて兄弟姉妹に深く感謝し、それと共に強い慰を得ました。信者も慰を得ました。このような深い心の底、信者の心の土台の上に立派な教会のできること信じています。」（『大正十四年公会議事録』）

翌一九二六年（大正十五年）の公会で森田亮長司祭を委員長とする「復興委員会」が正式に発足した。それ以後の募金状況は適宜『正教時報』に掲載されているが、その詳細を省いて結論を言えば、日本人の信徒からの献金は総計して十七万円――目標とする二十四万円にははるかに届かなかった。先の大聖堂に投じられた金額が二十四万、しかもその後の物価の上昇率（四倍）のことも勘定に入れれば、新しい聖堂の規模と威容が旧聖堂にくらべて著しく損なわれてしまったことは致し方のないことであった。

集金能力の低下は、ロシア人たちの資力が低下したことの結果でもあった。何といっても、本国のロシア人からの援助は望むべくもなかった上に、当時日本にいたロシア人のほとんど全てが革命ロシアから着の身着のまま命からがら逃れてきた避難民から成っていたことを見れば、彼らから多くを期待することなどできるはずもなかったのである。『正教時報』に掲載された統計によれば、昭和二年（一九二七年）以降在日ロシア人からの献金の額は約二千円であった。勿論、ロシア人の資金援助はハルピンからも来た。だが、例えば、昭和三年にこの地を巡回したセルギイの報告によれば、そこで集まった金の額は、僅かに千七百円であった。ロシアの民衆が旧大聖堂のために二十四万円の醵金を為しえたことを思えば、まことに今昔の感に耐えないのであった。

こうした醵金は聖堂のソフト面の整備に費やされた。セルギイは言っている。

「復興委員会は聖堂を作りました。私は聖堂内の宝座、経机、燭台、聖器櫃、聖障等必要なもの作りました。」

成聖

大聖堂本体の建設は大震災の四年目にあたる一九二七年（昭和二年）九月一日を期して始まった。設計者は岡田信一郎——当時の東京美術学校（現東京芸術大学）の教授で大阪中ノ島の市立中央公会堂や東京銀座の歌舞伎座の設計者としても知られる高名な建築家である。徹底した耐震構造を主眼とし、工法は最新式の鉄筋コンクリート（RC）を用いた。

昭和三年六月中旬には鐘楼の上に十字架が掲げられ、同月下旬には大聖堂の丸屋根に大十字架が掲げられた。『昭和三年公会議事録』には次のように見える。

「復活大聖堂屋上高くまた我が国中他に類のない八尺余と七尺余の十字架あがり、金色燦然たるを致すに到りましたことは、その式場に預かりたる五百余の同信兄弟にとりては唯々感慨の余り自ずから皆眼中に感涙の滂沱たるを禁じなかった次第であります。我復活大聖堂は実に復活した、其の屋上の一部は正に復活して大東京の空中高く我が正教式八角大十字架の金光が光り輝くことに相成りました。」

以後、「大聖堂内外の補強を旨とする工事」とさらに内装の工事が続けられ、最後に「堂内部の壁塗り替えと階段の手すりの新調の工事」がなされ、こうして聖堂は完成したのである。

成聖式は一九二九年（昭和四年）十二月十五日にすこぶる盛大に挙行された。この日にいたるまでのセルギイの労苦を思えば、専ら前任者の功績を称えて「ニコライ堂」と呼び慣わされている「東京復活大聖堂」ではあるが、これを「セルギイ堂」と称しても何ら不都合には当たらないだろう。

諺に「雨降って地固まる」と言うが、大震災は一旦ほころびかけた信徒との信頼関係を修復することに役立ったよう見えた。ロシア革命と大震災という大きな試練を経て大聖堂

セルギイ府主教

を再建する過程で、教会を去るべき人は去り、残るべき人は残り、昭和初年の教会はセルギイを中心に強い絆で結ばれるに到ったと思われたのであった。

そんな教内の有様を象徴するかのように、一九三一年（昭和六年）四月にはセルギイは府主教という正教世界では総主教に次ぐ高い位階に挙げられ、三三年には日本の正教徒たちによって「渡来二十五周年」が盛大に祝われた。当時の『正教時報』の主幹昇曙夢はこれを祝って書いた。

「思へば過去二十五年は日本正教会にとっても府主教座下にとっても試練の日々であった。しかして今や我が教会は座下の敬虔熱誠なる指導の下に立派にこの試練に打ち勝って勝利の栄冠を以て報ひられたのである。我が三万信徒の溢るる如き感謝の情が期せずして二十五周年祝賀会に集中して、稀に見る盛典を持ったということは決して偶然ではない。」

（『正教時報』二十二巻七号、昭和八年七月）

セルギイも次のような挨拶をもってこれに応えた。

「愛すべき方々よ、二十五年間私共は基督の体、すなわち教会の首として、肢体として働きました。私共は人生の春と夏を経過して、今は精神的秋の時期にいるのであります。しかして秋には果を取るものです。私共は今日迄よりも、もっと強く結束して日本教会をして百倍の果を結ばしむるやう努力致しませう。」（同）

第六章　受難再び

予兆

だがこうした平安は長くは続かなかった。明治以来の経済発展の帰結として、大陸への進出が国是となってしまった日本にとって、ソヴィエト・ロシアは再び撃つべき主要な敵の一つとなったのである。そうした状況の下で、日露戦争の時にロシアのスパイ(「露探」)を疑われた正教会は、今度は赤色ロシアとの関係を取り沙汰されるようになり、やがてセルギイはその嫌疑の矢面に立たされることになるのである。かつてはニコライの下に結束して嵐の行過ぎるのを待った日本の正教徒ではあったが、このたびは窮地に立たされたセルギイと距離を置き、結果において彼を官憲の迫害に晒してしまったことは、セルギイとロシアの正教会から見れば、誠に忘恩の極みであった。

一九三六年(昭和十一年)「二・二六事件」の直後の三月に、側近の瀬沼恪三郎が駐日ソヴィエト大使館に日本語の教師として出入りしていたことを咎められて、警察に拘引された。留置所生活は七週間の長きに及んだ。このことを瀬沼は、たとえ生計のためとは言え、キリスト教のみならず宗教そのものの敵国であるソヴィエト連邦の公館に出入りしたことへの神罰として甘受し、自らの軽率さを深く責めた。

この出来事はセルギイには不吉の予兆であった。

引退

予兆は直ぐに現実のものとなった。間もなくセルギイは教団から引退を余儀なくされることになるのである。

一九三九年（昭和十四年）に「宗教団体法」が成立したことが事の発端であった。この法律の狙いは、国民精神総動員運動の一環として、神道や仏教は言うまでもなく、キリスト教やその他の新興の宗教諸団体をも、国家の一元的支配下に置くことにあった。その施行を前に、とりわけキリスト教や新興の宗教団体は、法に触れて活動を禁止されたり団体そのものを解散させられたりしないようにと、細部にわたり注意を払った。その一つに教団の代表者として外国人を戴くことへの危惧の念があった。法律そのものはこのことをあからさまに禁じてはいなかったが、カトリックやプロテスタントの諸派では外国人が後景に退き、日本人を前面に押し出すという配慮を怠らなかった。その意味でセルギイの引退も時流に即したごく自然の成り行きではあったが、しかし、そこにいたる道筋には少々込み入った複雑な事情が付け加わり、事態をいささか不明朗なものにした。

その「事情」とは、もとをただせば革命後のロシア正教会に対するセルギイと日本の正教徒（＋在日ロシア人正教徒）との評価の違いに由来するのだが、入り組んだこの「事情」

については、若干の説明を要する。

時間は少し遡る。

周知のように、革命の後、ロシアの正教会はソヴィエト政権への対応を巡り、大きくは二つの派に分裂する。一つは政府による教会への仮借なき弾圧を前に、教会としての組織の存続を護るために、政権に妥協的に対応しようとする者たちで（その対応の仕方によっては、更に二、三の異端的分派が生まれたが、その詳細についてはここでは省略する）、もう一つは政府の反宗教的性格の故にそれを認めず、むしろ「白軍」の側に付こうとする者たちであった。モスクワに総主教庁を置く教会の主流派は前者に属し、府主教を戴く地方の教区の中には後者に属するものが少なからずあった。そして、国内戦の帰趨が両者の関係を決定的に隔てることになった。すなわち、ソヴィエト政権の支配下に取り残されたモスクワ派が政権との余儀なき「妥協」から政権の「容認」へ、さらには政権への「協力」へと対応を変化させて行くのに対して、これに批判的な分子たちは、「白軍」の敗北後は亡命者あるいは避難民となって国外に去り、幾つかの在外教会（セルビアのカルロフツィ、パリ、ニューヨークなど）を形成し、それぞれ独自の歩みを始めるに到ったのである。（詳しくは近藤喜重郎著『在外ロシア正教会の成立』成文社、二〇一〇年を参照。）

かくして本来一つであるべき教会が、大きく二つに分裂することになったのであった。

こうした事態に対して、革命後に日本に逃れてきた「白系ロシア人」はもとよりのこと、日本の信徒の大半も、一貫して在外教会に同調的であったが、この間、セルギイの態度は必ずしも一貫したものではなかった。「入り組んだ事情」の大元は、実は、セルギイの「心変わり」に由来したのである。

先ごろ筆者が入手したＧＡＲＦ（ロシア連邦国立資料館）所蔵の資料[*1]（書簡）によれば、当初——少なくとも、一九二六年当時、セルギイは在外教会に同調的であったことがわかる。この書簡が書かれた一九二六年といえば、ニコライ堂再建の資金集めのために行われた一大キャンペーンの高揚期にあたる。セルギイによる教会基金集めのための巡回は、すでに述べたように、一九二三年十一月に始まり、新聖堂が完成する一九二九年末まで続くことになるが、その中間時点とも言える二六年の七月、セルギイは一時の骨休めのために塩原温泉に数日遊んだ。在外シノド宛の書簡が書かれたのはこの時のことである。

この中でセルギイは「正統的親総主教派」（ソヴィエト国内の正教会派）vs.「在外教会派」

という大きな構図の中で、自分が「総主教」の権威を認める「正統派」であることを明言しつつも、ロシア国内で総主教座を巡る内部の確執が収まらない当時にあっては、在外シノドの実質的な指導性を認めてもいることは確かであった。このことは第一に、この書簡で書かれていることが、従来のような、出先の宣教団の長が宗務院に書き送る年次の報告書の趣を呈していること、第二に、教会行事の日取りの変更と宣教団に名称の変更のことでお伺いを立てているということなどに現れているが、ここでは、説明の簡略化を旨として、第二点についてのみ書こう。

この書簡で問題となっている「教会行事」とは、「降誕祭」と「割礼祭」と「神現祭（主の洗礼祭）」のことで、これらの日取りは従来通りのロシアの教会暦に従うとすれば、それぞれ、一月七日、一月十二日、一月十九日（いずれも新暦）に行われなければならないのだが、この時期、日本では新しい年の仕事の始まる直後にあたり、信徒が参禱するには不便なので、これを（教会暦ではなく）新暦に合わせて、それぞれ、十二月二十五日、一月一日、一月六日に行わせてほしいと、セルギイは申し出ているのである。この日取り変更の請願は、「在外シノド」により同年十月八日（新暦）付けで許可されている。

宣教団の名称変更については、これまでの名称をロシア語で表記すると「Российская Духовная Миссия в Японии」となり、これを日本語では「日本におけるロシア正教宣教団」と訳しているのだが、「ロシア」という語は日本ではイメージが極めて悪いので、「ロシア」を削除し、しかも「Духовная」という語には「正教」という意味はないので、明確さを期して「正教の」という語に置き換え、結論として、「Православная Миссия в Японии」とさせて欲しい、というのである。これもまた、「ロシア正教会の管轄権を維持する」という条件のもとで、認可された。

こうした一連のやり取りには、教会の決まり事という観点からすれば、由々しい意味がある。つまり、セルギイは「正教会」の位階秩序において「総主教」の下位に立つ「府主教」に、極めて重要な問題の判断を仰いだ、ということであり、それは当時の状況を考えれば、日本の正教会は「正統的親総主教派」（ソヴィエト国内の正教会派）ではなく「在外教会派」に帰順したということを意味したのである。

だが、事はここでは終わらない。この手紙が書かれて間もない同年十月に、日本の大主教セルギイの下にモスクワの「総主教臨時代理代行」セルギイ（ストラゴロドスキー）から、日本の現状を知らせるよう求める書簡が届く。その要請に日本のセルギイがどのような返書をしたためたか、確かめうる資料に今のところ出会っていないが、おそらく、府主教アントニーに宛てて書いたことと大きな差はないであろうと思われるので、そのことは差し当たり措くとして、ここでもっと重要なことは、モスクワと日本との直接的な連絡の道が開けたということで、以後、両セルギイの間には頻繁なやり取りがなされることになった。そのやり取りの中で両者によって確認されたことは、①日本の正教会は今なおロシアの正教会を母教会と見なしてはいるが、②大聖堂を母教会からの援助を受けることなく完成させたことに現れているように、日本の正教会は実質的に独立しているので「聖自治教会」となるべきである。しかし、③そのことは、ソヴィエト支配下ロシアの正教会の組織が整った段階で正式に議論して決めよう——ということであった。

こうしたやり取りがなされていたのは一九二六年末のことであったが、その頃ソヴィエト・ロシアでは、教会を巡る環境は大きく変わろうとしていた。すなわち、二一年に始まるソ連の「新経済政策（ネップ）」が破綻をきたし、農村の「集団化」が始まろうとしていたこの頃、教会には「反革命集団」のレッテルが貼られ、やがて、信徒や聖職者の逮捕や流刑が頻発することになるのである。「教会のホロコースト」が始まろうとしていたのである。

事態がそのような方向に向かっている中で、ロシア正教の世界にとって重大な事件が起こる。一九二七年七月二十九日に、総主教臨時代理代行の府主教セルギイが反政府的言動を封印して現政権への忠誠を誓い、内外の聖職者と信徒もこれに倣うことを命ずる文書「教区司祭並びに信徒への書簡」を発したのである。これには、当然のことながら、在外の諸教会は猛烈に反発した。しかし、日本のセルギイは、この時、セルビアの在外シノドからなされた「反モスクワ」に同調するようにという要請を退け、「総主教派」に帰順するという意思を明らかにしたのであった。しかも、ますます募る農民や教会への弾圧について、そうした事実そのものを否定してはばからないモスクワのセルギイへの信頼を、日本のセルギイは終始崩すことはなかったのである。

大主教のこうした「親ソ」的態度を日本の信徒たちは大いに危惧した。「政治」に絡みつかれた時の迷惑を、日本の正教会はこれまで嫌というほどに体験しているのである。

日本人信徒たちのこうした危惧の念は、一九三〇年の公会における以下のような決議文の提案となって現れた。

1　日本正教会は名実ともに独立し、ロシア・ミッションなるものを認めざること。
2　本正教会はソヴィエト・ロシア正教会との関係なき事を明らかにすること。（『昭和五年公会議事録』日本正教会総務局編、昭和五年九月刊、六二ページ）

日本の正教会とロシアの正教会との絶縁を趣旨とするこのような提案は、セルギイにはとても承服できることではなかった。彼の願いはロシアとの関係を維持しつつ、日本の教会の自立を図るということだったのである。しかし、今や、信徒はロシアからの「独立」ではなく、「絶縁」を望んでいたのである。

この提案に対するセルギイの抗弁が議事録で十数ページに及んでいることが、彼の異議の大きさを示している。今、その詳細を紹介する暇はないが、大まかに言えば、セルギイは一九二六年来のモスクワとの関係を明らかにし、モスクワも日本の独立に理解を示しているということを力説したのである。彼の熱弁にさしもの公会も理解を示し、決議文は以下のような文面に落ち着いた。

1　日本正教会は「在日ロシア正教会ミッション」（宣教団）と全然別個のものたること。
2　日本正教会はソヴィエト連邦の旧正教会の肢体にして事実上教義以外何らの関係を有せざる故、今よりハリストス正教会の法律上の自治を許るべし。（『昭和五年公会議事録』、一一五ページ）

当初に提案された決議文に比べれば、表現は幾分柔らかくなったとはいえ、信徒たちの願いがロシア正教会との「絶縁」であったことは、一貫して示されているのである。

こんなことがあったのは一九三〇年のことだが、翌三一年、ロシアでは集団化の波が農村を飲み込もうとしている折から、セルギイはニコライ堂での在日ロシア人を相手とした説教において、とんでもない失態を演じてしまうのである。すなわち、彼は故郷からの手紙に基づき、それが検閲済みのものであることを知らず、ロシアの農村は平和である、教会は政府のいかなる干渉も受けていない、日常の祭事も滞りなく執り行われている、ロシアの生活は決して新聞で読むようなものではない、諸君はもうじき祖国に帰れるようになるだろうなど――概略このような説教をしてしまったのである。

これは在京のロシア人相手にロシア語で為された説教ではあったが、彼らの憤激は日本人信徒にまで広がり、ここでもセルギイへの非難の声が起こった。だが、この時は、折から生じたセルギイの「府主教」昇叙という慶事の前に、こうした非難の声が拡大することはなかったのではあったが、しかし、教内には、この度の昇叙がモスクワの総主教庁の発議に負うていることにわだかまりを抱く者が少なからずあったであろうということは、想像に難くない。

正教会にこうしたことがあった頃、日本の大陸と東南アジアへの進出は着々と進み、国内では思想統制が厳しさを増し、正教会についていえば、赤色ロシアとの関係への嫌疑が一層強まり、先に述べた一九三六年三月、瀬沼の逮捕へ、そして、更に宗教団体法の施行にかこつけた、セルギイの引退、という事態に行き着くのである。

逮捕

一九四〇年（昭和十五年）に引退した後、セルギイは日本の正教会との関係を一切断ち、心を寄せる日本人の信徒やロシア人避難民らと、庵のような小さな住まいで日々の祈禱を行いながら、教会から支給される年金を頼りに老いの身を養うことになる。だが、この年金も次第に減額され、ともすれば途切れがちであった。セルギイは親しい人に書いている。

「どのように生活してきたか、そして現にどのように生活しているか、ですって。一九四一年七月、八月、九月と、私は乞食のように、文字通り飢えていました。」（未刊、仙台ハリストス正教会蔵）

このようなセルギイの危急は在京のロシア人や各地の心ある信徒からの寄進によって辛うじて救われたのであった。

ロシア（ソヴィエト）では、その後、一九四三年に「総主教臨時代理代行」から「モスクワと全ルーシの総主教」に挙げられたセルギイ（ストラゴロドスキー）が翌四四年に没し、レニングラードとノヴゴロドの府主教が総主教代理に就任——総主教を新たに選立するための全ロシアの地方公会が招集されることになり、日本の府主教セルギイにも招待状が届いた。この年にソヴィエトの市民権を得ていたセルギイは、これを機に帰国しようと考えたらしいが、その意図の実現は病魔によって妨げられた。この時、彼は心臓と腎臓を重く病んでいたのである。もっとも、当時の日本にあっては、セルギイがたとえ帰国を願い出たとしても、「赤い」ソ連への渡航は許されることではなかったのかもしれないのだが。

日本滞留を余儀なくされたセルギイを待っていたのは、スパイ容疑による逮捕（一九四五年五月）と一ヵ月に及ぶ拘禁生活であった。その間、拷問に苦しめられたともいう。同年六月十六日に釈放された時、彼にはもはや長く生きる力は残されていなかった。そして三ヵ月後の八月十日、彼は六畳一間の小さなアパートで、誰にも看取られずにひっそりと息を引き取った。享年七十四。終戦の僅か五日前のことであった。

「枕元には祈禱書と粗末な鍋が一つ、食器も一つ二つあるだけ」だったという。（『正教時報』九三二号、昭和四十二年八月二十日、五面）

彼は今、ニコライ大主教の傍らで永久《とわ》の眠りに就いている。

＊1　GARF ф.6343, оп.1 дело 232, л. 38-66. セルギイがセルビアのカルロフツィに開かれた在外シノド（宗務院）の首座主教である府主教アントニイ（フラポヴィツキー）に宛てて書き送った、五十数ページからなる長大な書簡（一九二六年七月二十一日〜二十六日付け）――この資料についての詳細な考察は拙稿「大主教セルギイ（チホミーロフ）の「塩原書簡」について」（中村喜和他編『異郷に生きる―来日ロシア人の足跡』成文社、二〇一六年、二八五―二九五ページ）を参照。

終章　戦後

セルギイの引退した後の正教会には、後継主教の選出をめぐって内紛があった。ある者は大阪教会のイアコフ藤平新太郎神父を、またある者は前橋教会のニコライ小野帰一神父を担いだ。双方にはそれなりの言い分があったのだろうが、今、それを詮索することは敢えてせず、結論だけを言えば、一九四一年(昭和十六年)四月に小野神父が新しい主教に推挙されることになった。ことここにいたる経緯の背後には、陸軍関係の学校で長く教鞭を取っていた岩沢丙吉の画策があったと言われる。当時、主教昇叙の儀を執り行うためには府主座のあったハルピンに赴かねばならなかったのだが、それには軍部の許可が必要だったのである。

だが、おそらく、主教選立の経緯に不明朗なものがあったためであろう、小野主教は教内を掌握しきれず、一九四三年八月に開かれた会議で提起された「主教と我々司祭との隔を取り除く」という課題は、遂に果たされることはなかったのである。日本のハリストス正教会が「宗教団体法」による法人として認可されなかったのは、そのような内部事情と無関係ではなかっただろう。

セルギイ府主教が死去することによって、母教会との最後の絆も断ち切られた日本の正教会は、否も応もなく、独自の道を行かねばならなくなったが、しかし、そのような企図が果たされる前に、日本が敗戦の日を迎えることになるのであった。

戦後の占領下における宗教政策が全体としていかなるものであったか、遺憾ながら、今、それを詳らかにするだけの知見を有していないが、正教会の処遇に関して言えば、小野主教を頭とする旧体制の一掃はやむなき仕儀であったとはいえ、その後任主教の選立は日本の正教会の意のままにはならなかった。教会の人事は連合国軍総司令部（ＧＨＱ）の管理下に置かれることになったのである。

このことは、戦後における米ソの冷戦構造と密接にかかわっている。と言うのは、スターリン治下のソ連において、国外の宗教活動は重要な諜報活動の一環と位置付けられ、モスクワ総主教庁はその体制下にあったために、ＧＨＱを実質的に支配するアメリカとしては、日本の正教会をモスクワの支配下に置いておくわけにはいかなかったのである。かくして、日本の正教会は、今度は、アメリカの正教会の影響下に置かれることになったのである。具体的に言えば、小野主教にかわる首座主教の派遣を、日本の正教会はアメリカの正教会に仰がなくてはならなくなったということである。

だが、一口に「アメリカの正教会」と言っても、これは一つではなかった。そこには革命後の母教会の混乱を反映して、その成り立ちにあたり、それぞれに複雑な事情を抱えた幾つかの系列の教会が分立していたのである。今ここでその一つ一つについて述べている暇はないので、以下では、日本の正教会が戦後において深い関係を持つに至る、あるいは持たされるに至る、「独立北米府主教区《メトロポリア》」（通称「アメリカ正教会」＝ＯＣＡ）についてのみ簡単に書いておこう。

これはもとをただせば、一八四〇年代に発足したロシア宣教団の流れをくむ教会で、（ロシアの正教会に対する位置関係において、日本の宣教団と同じ立場にあると言ってもよい）、一九三〇年代以降は母教会と絶縁状態にあったが（日本でも同様のことが起こったことは前述の通り）、これに革命後、祖国を逃れてきたロシア人信徒たちが合流してできた教会である。当初、彼らはアメリカの信徒たちと別個の教会を持っていたが、戦後、その一部が従来からある正教会に合流して一つの教会を形成するに至ったのである。そうした経緯からして、この教会は最も信徒が多く、経済的にも最も安定していると言われている。現に今、この教会はどこの総主教座にも属することもなく、「府主教座」を有する「アフトケファリア」として、自前の神学校（「ウラジーミル神学校」——戦後、日本の正教神学生はここで学んだ）や修道院、イコンの工房など、独立した教会としての体裁を全て備えている。筆者は一夕、ニューヨークにあるこの系列の教会の奉神礼に参禱したことがあるが、この教会の成り立ちをいまだに反映しているためであろうか、祈禱も説教も英語とロシア語で行われていたのが印象的であった。

　空席となった日本正教会の首座主教の派遣をメトロポリア（ＯＣＡ）に仰ぐという決定がＧＨＱにおいてなされるまでには、かなり複雑な経緯があるが、話の発端はＧＨＱの幹部にＯＣＡの首座主教フェオフィル府主教の実子がいたということにあった。つまるところ、彼が中心となり、マッカーサーの了解の下、一九四六年十月、ＯＣＡをしてピッツバーグとヴァージニアの主教ヴェニアミン（バサレイガ）を日本に派遣することを決定させることになったのである。

勿論、ソ連側がこうした動きを座視していたはずはない。ほぼ時を同じくして、「対日理事会」の一国たるソ連もまたモスクワの総主教庁を動かし、日本へ送り込む主教の選立を急がせ、同年、つまり四六年の末には、主教二名を日本に派遣する手筈を整えていたのであった。

しかし、当時の日本を支配する力において、ソ連と言えども、アメリカの敵ではなく、結局はアメリカの意向が全てに優先されることになったのである。ソ連から派遣され、ウラジヴォストークまで来ていた二人の主教は、日本に入国を果たすことできないまま、空しく引き返さざるを得なかったのであった。

一九四七年一月六日、ヴェニアミン主教来日——こうして日本の正教会に戦後の新しい歴史が始まったのである。以後、日本正教会は一九七二年（昭和四十七年）まで、イリネイ、ニーコン、アムブローシイ、ウラジーミルという、いずれもメトロポリアから派遣される主教によって司牧されることになる。

だが、この二十五年間、日本の正教会は決して無事平穏ではなかった。というのは、教会内部にアメリカ渡来の主教になじめず、ソヴィエト治下のロシア正教会と誼《よしみ》を通じようとする者たちが少なからずいたからである。彼らは献金の集約をはじめとして、教会運営の諸事万端において主教に非協力的であり、遂には、先に引退したはずの小野主教を擁して、「正統正教会」と称する別派を構えるという事態にまでに立ち至るのである（一九五四年）。こうした諸々の事実を目の当たりにして、ヴェニアミン本人はもとより、アメリカ本国の教会の中にも日本の教会への介入に懐疑的な意見が出る有様であった。

確かに、米ソが冷戦状態にあった当時の国際関係の論理から言えば、ＧＨＱが日本人の宗教活動にソ連の介入を排除するというのは、その是非善悪はさて置くとしても、極めて現実的措置であり、アメリカの教会による日本の教会の指導（ありていに言って「支配」）はそうした政治的思惑の帰結ではあったが、しかし、純粋に教会の約束事という視点から見れば、日本の正教会へのアメリカの教会の介入には法的根拠はないのである。というのは、メトロポリアがいかに実質的にロシア（ソ連）の正教会と断絶し、自立した働きを為していたとはいえ、教会法の上では依然として総主教の管轄から離れていたわけではなかったからであり、従って、ＯＣＡには総主教――それがいかなる政治的色合いを帯びているかは別にして——の決定を無視することはできないはずだからである。

ＯＣＡ内部にくすぶる懐疑にこのような理由があったとすれば、「正統正教会」派の活動は、まさにこの同じことを理由としていた。その動機の中には、客観的に見て、あるいは、公平に見て、私的感情に根差したドロドロした部分も見え隠れはするが、しかし、純法理的には、その言い分にはそれなりの正当性があったのである。

小野主教亡きあと、彼らは、今度は、ロシア（ソ連）の正教会の降福を得て主教とされた佐山大麓を首座主教として戴き、反「ニコライ堂」派の活動を続けることになるのだが、正直のところ、それ以降の両派の確執には、私はあまり関心がない。というのは、それぞれの表向きの言い分とは裏腹に、両者の対立の背後には、戦前の主教選立の経緯にまで遡る「私怨」が見え隠れするからだ。つまるところ、「内輪のごたごた」にしか見えない部分が多いのである。とすれば、教外の者としては、両者の言い分に正否の判断を下すことは控え、傍観者でとどまるのが、むしろ慎みというものだろう。

そもそも、両者の言い分がいかなるものであろうとも、その対立が解消されるには、その前提として、アメリカとソ連（ロシア）の正教会が「和解」しなくてはならず、そして、両教会の和解には米ソ両国の政府間の「了解」が不可欠なのだ。

この「了解」と「和解」がどのように形成されたか、その経緯を明らかにするには、おそらく独立したそれなりの分量の論考が必要だろう。しかし、そうしたことは最早「小史」の範囲を超える。それゆえ、読者諸氏には、以下、足早に結論だけ記すことでお許しいただきたいと思う。

一九六九年（昭和四十四年）九月、ロシア正教会の総主教庁の代表とアメリカ正教会（メトロポリア）の府主教庁の代表者が東京で会し、アメリカのメトロポリアは「聖完全独立教会（アフトケファリア）」となることによってモスクワ総主教区から分離独立し、他方、日本の正教会は「聖自治独立教会（アフトノモス）」としてモスクワの総主教区に所属することが決まった。これは日本の正教会が首座主教および主教を選定するにあたり、モスクワの総主教庁による降福（承認）を条件としつつも、自らの権限でこれを行い、また、経済的にも運営面でも自治的権利を持つ、自立した教会であることが認められたことを意味した。ちなみに言えば、これは、図らずも、かつて日本のセルギイがモスクワのセルギイに提案したことでもあった。

翌一九七〇年（昭和四十五年）四月、日本正教会が「聖独立自治教会」として正式に発足したことに鑑み、ニコライ大主教は「聖亜使徒（聖使徒に準ずる者）・日本の大主教聖ニコライ」として列聖された。

さらに翌年一九七一年（昭和四十五年）には日本の正教会にほぼ四半世紀ぶりに「府主教」座が復活し、一旦はロシア正教会のウラジーミル府主教が首座主教となったが、翌年には府主教フェオドシイ（永島）が首座主教として着座した。こうして日本ハリストス正教会は初めて日本人の府主教を戴き、自立した新しい歴史を刻み始めたのである。

その後、教会は一九九九年にフェオドシイ府主教が永眠されたのに伴い、翌二〇〇〇年には首座主教として「府主教ダニイル（主代《ぬしろ》）」が着座し、東日本主教区（仙台）の大主教セラフィム（辻永《つじえい》）座下と共に、伝教と牧会の新時代に向かって、力強く歩を進めている。

二〇一二年九月にはロシア正教会から総主教猊下《げいか》が親しく来日され、日露の正教徒が心を一つにして大主教永眠百周年を記憶した。これを機に、日本の正教会が往時の力を取り戻すきっかけを摑んでくれれば、泉下のニコライ大主教もセルギイ府主教もさぞかし喜ばれることだろう。

あとがき

十年ほど前、日本の正教会にはニコライ大主教にちなんだ記念祭が相次いだ。二〇一〇年はニコライ大主教が「聖亜使徒」に列聖されてから四十年目にあたった。二〇一一年はニコライ大主教の来日百五十周年にあたった。

そして、二〇一二年はニコライ大主教が永眠してから百年目にあたった。

実は、この本は正教会のこのような記念行事に一灯を献ずべく、『ニコライ堂小史――ロシア正教受容一五〇年をたどる』と題して、二〇一一年にシリーズ「ユーラシア・ブックレット」の一冊として東洋書店より刊行されたのだが、後に同社の倒産に伴い、該社の出版にかかるすべての書物が絶版にされるという事態に立ち至り、本書も同じ憂き目を見ることになったのであった。本書は筆者にとってかなり満足のゆく作品であっただけに、残念な思いを抱いて今日に至っていたのだが、嬉しいことに、この度は群像社の社長島田進矢氏のご理解を得て、ユーラシ文庫の一冊として復刊の運びとなった。ただ、旧版から十年の間に、筆者の研究も少しは進捗した。この度はその分を書き加え、副題も「ロシア正教受容一六〇年をたどる」に改め、「増補新版」として新たに世に問うことにした次第である。

この間、内外の日本正教史研究も随分と進捗した。新しい研究成果は参考文献のリストに譲るとして、ここでは最新の動向を記すにとどめるが、何といっても、ロシアにおいてニコライ大主教の著作集全十巻の刊行が始まったということを挙げなくてはならない。現在三巻までが刊行されているが、全巻が出揃うのは来年、あるいは再来年のことになるだろう。これが刊行されれば、日本における正教受容史の研究は質的に新しい段階に入るものと想像される。本来ならば、本書もこの全集の成果を踏まえて書かれるのがベストではあるが、個人的事情を言うことを許していただけるならば、筆者は今年齢七九——果たして全集の完成を待ち切れるものやら、誠に心許ないものがある。幸いにして、完成の日まで今の健康を維持し、これを利用できるだけの気力と体力が残っているならば、改めて研究の筆を執ることにするとし、この度は、新しい時代の新しい研究への先触れとして、取り敢えず、コンパクトな一著を呈することでお許しいただきたい。

二〇二〇年十二月二十四日

横浜・大倉山にて　著者識

関係略年表

一八三六年（天保七） 八月、イヴァン・ドミートリエヴィチ・カサトキン（後のニコライ大主教）スモレンスク県に生まれる
一八六一年（文久元年） ニコライ函館に渡来
一八六八年（慶應四） 四月、日本人初の正教徒誕生（パウェル沢辺琢磨、イオアン酒井篤礼、イアコフ浦野大蔵） ＊この年九月、明治と改元
（明治元年） 十月、箱館戦争（六九年五月終結）
一八六九年（明治二） 初頭、ニコライ一時帰国
六月、「日本正教宣教団」の発足決定
一八七一年（明治四） 二月、ニコライ、掌院となって帰国
六月三日、セルゲイ・アレクセーエヴィチ・チホミーロフ（後のセルギイ府主教）、ノヴゴロド近郊で生まれる
一八七二年（明治五） 初頭、ニコライ上京
二月―三月、仙台と函館で正教信徒迫害（五月釈放）
一八七三年（明治六） 二月、切支丹禁制の高札撤去
一八七五年（明治八） 七月、最初の「公会議」（「日本ハリストス正教会」の発足）
一八八〇年（明治十三年） 二月、ニコライ、主教となる
この年、『正教新報』発刊
一八八二年（明治十五） 四月、男子神学校、女子神学校の校舎ができる。教会専属の出版社「愛々社」設立
一八八四年（明治十七） 三月、ニコライ堂の建設始まる

一八八九年（明治二二）二月、大日本帝国憲法発布
一八九〇年（明治二三）十月、教育勅語公布
一八九一年（明治二四）一月、「不敬事件」
三月、ニコライ堂成聖式
五月、「大津事件」
一八九二年（明治二五）「教育と宗教の衝突」問題起こる
十一月、女子神学校機関誌『裏錦』発刊（―一九〇七年八月）
一八九三年（明治二六）九月、男子神学校機関誌『心海』発刊（―一八九九年六月）
一九〇一年（明治三四）六月、正教会訳『我主イイススハリストスノ新約』刊行
一九〇四年（明治三七）一月、「露探」事件（正教徒・高橋門三九逮捕）
二月、日露戦争始まる
六月、「正教信徒の戦時奉公会」発足、「俘虜信仰慰安会」の活動始まる
一九〇五年（明治三八）九月、ポーツマス条約（日露戦争終結）
一九〇六年（明治三九）四月、ニコライ、大主教となる
一九〇八年（明治四一）六月、主教セルギイ（チホミーロフ）来日
一九一一年（明治四四）七月、ニコライ大主教渡来五十周年記念祭
一九一二年（明治四五）二月十六日、ニコライ大主教永眠（享年七五）、セルギイ（チホミーロフ）主教が後継者となる
七月三十日、明治天皇没、大正と改元
（大正元年）十月『正教新報』終刊、同十一月『正教時報』発刊

一九一四年（大正三）七月、第一次世界大戦始まる
一九一七年（大正六）十一月、ロシア革命
一九一九年（大正八）四月、男子神学校閉校
一九二一年（大正十）五月、セルギイ、大主教になる
一九二三年（大正十二）九月一日、関東大震災
十月、臨時公会でニコライ堂の復興決まる
一九二五年（大正十四）四月、ロシア（ソヴィエト）で総主教チーホン没
一九二六年（大正十五）十二月二十五日、大正天皇没、昭和と改元
一九二七年（昭和二）九月一日、ニコライ堂復興工事始まる
一九二九年（昭和四）十二月十五日、新生ニコライ堂の成聖式
一九三一年（昭和六）四月、セルギイ、府主教となる
一九三二年（昭和七）一月、上海事変。五月、「五・一五事件」
一九三三年（昭和八）七月、セルギイ府主教来朝二五周年記念祝典
一九三六年（昭和十一）二月、「二・二六事件」
三月、瀬沼恪三郎、スパイ容疑で逮捕される
一九三九年（昭和十四）九月、第二次世界大戦始まる
一九四〇年（昭和十五）四月、「宗教団体法」施行
九月、セルギイ、引退
一九四一年（昭和十六）四月、ニコライ小野帰一、主教となる
十二月、太平洋戦争始まる
一九四五年（昭和二十）四月、セルギイ、スパイ容疑で逮捕される（―五月）
八月十日、セルギイ永眠（享年七四）

八月十五日、終戦

一九四六年（**昭和二一**）四月、臨時公会でニコライ小野の引退決まる

一九四七年（**昭和二二**）一月、アメリカ府主教庁（メトリポリア）の主教ヴェニアミン（バサレイガ）来日

一九六九年（**昭和四四**）九月、ロシア正教会とアメリカ正教会の和解交渉始まる

十月、修道司祭ワシリイ永島新二、主教フェオドシイとなる

十一月、ロシア正教会とアメリカ正教会の和解がなり、アメリカ正教会（メトロポリア）はロシアの総主教区から分離し、「聖完全独立教会（アフトケファリア）」となり、日本の正教会はモスクワ総主教区に留まり、「聖自治独立教会（アフトノモス）」となる

一九七〇年（**昭和四五**）四月、ニコライ大主教、「聖亜使徒」に列聖される

一九七二年（**昭和四七**）三月、フェオドシイ主教、日本人として初めての府主教となり、日本ハリストス正教会の首座主教に着座

一九八九年（**昭和六四**）一月七日、昭和天皇没、平成と改元

一九九九年（**平成十一**）五月七日、フェオドシイ府主教永眠

二〇〇〇年（**平成十二**）五月、司祭イウダ（主代郁夫）、修道の誓いを立ててダニイルと聖名を改め、掌院、主教を経て府主教として首座主教に着座

二〇一二年（**平成二四**）七月、主教セラフィム、大主教になる

九月十六日、ロシア正教会のアレクシイ総主教来日、日本の府主教と共に奉神礼を執り行う

主要参考文献

＊「」は論文名、『』は書名あるいは雑誌名を示す

伊藤慶郎「セルギイ府主教の引退と日本正教会の内紛」『奈良県立医科大学 HUMANITAS』第三三号、二〇〇八年三月、一五－三一ページ

同「日本の府主教セルギイとソヴィエト下のロシア正教会」『基督教研究』第七〇巻二号、二〇〇八年十二月、一一一－一二八ページ

牛丸康夫『明治文化とニコライ』教文館、一八六九年

同『日本正教史』宗教法人日本ハリストス正教会教団、一九七八年

近藤喜重郎『在外ロシア正教会の成立』成文社、二〇一〇年

同「正教会」『宣教師と日本人』キリスト教史学会編、教文館、二〇一二年、三三－六六ページ

同「正教会（日本ハリストス正教会教団）」キリスト教史学会編、教文館、二〇一五年、八七－一一四ページ

清水俊行「宣教師セルギイ（ストラゴロ－ツキイ）の見た日本人――最初の来日時（明治二三年～二六年）を中心に」長縄光男、沢田和彦編『異郷に生きる』成文社、二〇〇一年、一七三－一八八ページ（以下『異郷』と略称）

同「宣教師アンドローニクの日本滞在記より」『異郷』Ⅱ、二〇〇三年、一三五－一四八ページ

同「宣教師アンドローニクの日本滞在記より（二）」『異郷』Ⅲ、二〇〇五年、一四三－一五六ページ
同「宣教師アンドローニクの日本滞在記より（三）」『異郷』Ⅳ、二〇〇八年、一三五－一五一ページ
同「宣教師アンドローニクの日本滞在記より（四）」『異郷』Ⅴ、二〇一〇年、一九－三八ページ
同「宣教師アンドローニクの日本滞在記より（五）」『異郷』Ⅵ、二〇一六年、二七一－二八四ページ
スハーノワ・ナタリア「日本正教会の在米メトロポリアへの併合を巡って（一九四六－一九四七年）」『異郷』Ⅴ、二〇一〇年、三九－五五ページ
同「戦後日本正教会における主教権問題を巡って（一九四七年～一九六〇年）」『異郷』Ⅵ、二〇一六年、二九七－三一〇ページ
セラフィム（大主教）「聖ニコライと府主教セルギイ1－21」『正教時報』、日本正教会、二〇〇八年六月号～二〇一〇年三月号
長縄光男『ニコライ堂の人びと――日本近代史のなかのロシア正教会』現代企画室、一九八九年（第二刷、一九九九年）
同『ニコライ堂遺聞』成文社、二〇〇七年
同「日本の府主教セルギイ（チホミーロフ）の栄光」『異郷』、二〇〇一年、一八九－二〇二ページ
同「日本の府主教セルギイ（チホミーロフ）の悲哀」『異郷』Ⅱ、二〇〇三年、一四九－一六〇ページ
同「日本の府主教セルギイ（チホミーロフ）の引退」『異郷』Ⅲ、一七一－一八三ページ

同「〈日本正教会史への助走〉神学校の理想と現実」『異郷』Ⅳ、二〇〇八年、一一五―一三四ページ
同「〈日本正教会史への助走〉宣教師ニコライの東北巡回」『異郷』Ⅴ、二〇一〇年、三―一八ページ
同「〈日本正教会史への助走〉大主教セルギイ（チホミーロフ）の〈塩原書簡〉について」『異郷』Ⅵ、二〇一六年、二八五―二九五ページ
中村健之介『宣教師ニコライと明治日本』岩波書店、一九九六年
同・中村悦子『ニコライ堂の女性たち』教文館、二〇〇三年
同『宣教師ニコライとその時代』講談社、二〇一一年
同『ニコライ』ミネルヴァ書房、二〇一三年
ニコライ／中村健之介訳『ニコライの見た幕末日本』講談社、一九七九年
ニコライ／中村健之介訳編『明治の日本ハリストス正教会――ニコライの報告書』教文館、一九九三年
ニコライ／中村健之介監修『宣教師ニコライの全日記』全九巻、教文館、二〇〇七年
ポズニェーエフ／中村健之介訳『明治日本とニコライ大主教』講談社、一九八六年
ポタポフ・アレクセイ『明治期日本の文化における東方正教会の位置および影響』東京大主教教区宗務局、二〇〇四年

長縄 光男（ながなわ みつお）
1941年、東京生まれ。一橋大学大学院社会学研究科博士課程修了。横浜国立大学名誉教授。専門はロシア社会思想史、日露文化交流史。主な著書に『ゲルツェンと1848年革命の人びと』（平凡社新書）、『ニコライ堂遺聞』『評伝ゲルツェン』（以上、成文社）、『ニコライ堂の人びと』（現代企画室）など。訳書にゲルツェン『過去と思索』全3巻（筑摩書房、日本翻訳出版文化賞、木村彰一賞）、ゲルツェン『向こう岸から』（平凡社ライブラリー）などがある。

ユーラシア文庫19
[増補新版] ニコライ堂小史《どうしょうし》 ロシア正教受容160年をたどる
2021年2月16日 初版第1刷発行

著 者 長縄 光男

企画・編集 ユーラシア研究所

発行人 島田進矢
発行所 株式会社 群 像 社
神奈川県横浜市南区中里1-9-31 〒232-0063
電話／FAX 045-270-5889 郵便振替 00150-4-547777
ホームページ http://gunzosha.com
Eメール info@gunzosha.com

印刷・製本 モリモト印刷
カバーデザイン 寺尾眞紀

ISBN978-4-910100-16-6

「ユーラシア文庫」の刊行に寄せて

1989年1月、総合的なソ連研究を目的とした民間の研究所としてソビエト研究所が設立されました。当時、ソ連ではペレストロイカと呼ばれる改革が進行中で、日本でも日ソ関係の好転への期待を含め、その動向には大きな関心が寄せられました。しかし、ソ連の建て直しをめざしたペレストロイカは、その解体という結果をもたらすに至りました。

このような状況を受けて、1993年、ソビエト研究所はユーラシア研究所と改称しました。ユーラシア研究所は、主としてロシアをはじめ旧ソ連を構成していた諸国について、研究者の営みと市民とをつなぎながら、冷静でバランスのとれた認識を共有することを目的とした活動を行なっています。そのことこそが、この地域の人びととのあいだの相互理解と草の根の友好の土台をなすものと信じるからです。

このような志をもった研究所の活動の大きな柱のひとつが、2000年に刊行を開始した「ユーラシア・ブックレット」でした。政治・経済・社会・歴史から文化・芸術・スポーツなどにまで及ぶ幅広い分野にわたって、ユーラシア諸国についての信頼できる知識や情報をわかりやすく伝えることをモットーとした「ユーラシア・ブックレット」は、幸い多くの読者からの支持を受けながら、2015年に200号を迎えました。この間、新進の研究者や研究を職業とはしていない市民的書き手を発掘するという役割をもはたしてきました。

ユーラシア研究所は、ブックレットが200号に達したこの機会に、15年の歴史をひとまず閉じ、上記のような精神を受けつぎながら装いを新たにした「ユーラシア文庫」を刊行することにしました。この新シリーズが、ブックレットと同様、ユーラシア地域についての多面的で豊かな認識を日本社会に広める役割をはたすことができますよう、念じています。

ユーラシア研究所